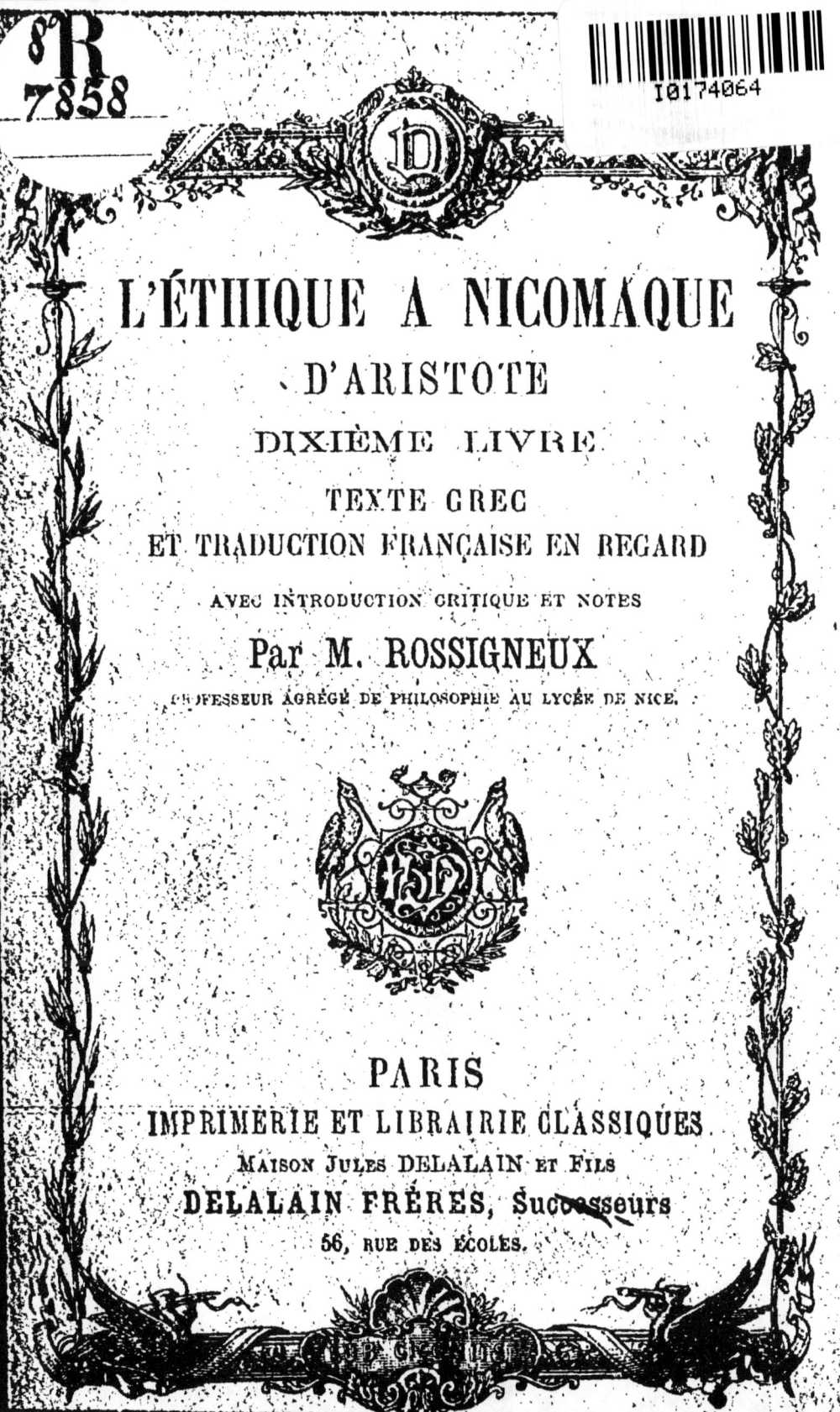

L'ÉTHIQUE A NICOMAQUE
D'ARISTOTE
DIXIÈME LIVRE

TEXTE GREC
ET TRADUCTION FRANÇAISE EN REGARD

AVEC INTRODUCTION CRITIQUE ET NOTES

Par M. ROSSIGNEUX
PROFESSEUR AGRÉGÉ DE PHILOSOPHIE AU LYCÉE DE NICE

PARIS
IMPRIMERIE ET LIBRAIRIE CLASSIQUES
MAISON JULES DELALAIN ET FILS
DELALAIN FRÈRES, Successeurs
56, RUE DES ÉCOLES

ÉTHIQUE A NICOMAQUE.

LIVRE X.

On trouve à la même librairie :

Cours de Philosophie, suivi d'une Histoire résumée de la Philosophie, par *M. H. Joly*, doyen honoraire de la faculté des lettres de Dijon, maître de conférences à la faculté des lettres de Paris et à l'école normale supérieure de Sèvres : 8e édition, entièrement refondue, conformément au programme prescrit par l'arrêté du 22 janvier 1885; 1 vol. in-12, br. 5 f.

Études sur les Ouvrages philosophiques prescrits par l'arrêté du 22 janvier 1885, pour la Classe de Philosophie des lycées par *M. H. Joly*; 1 vol. in-12, br. 3 f.

Discours de la Méthode, par *Descartes*, suivi de la *Première Méditation*, avec introduction, notes et appréciations critiques par *M. H. Joly*; in-12, br. 1 f. 25 c.

Principes de la Philosophie (livre Ier), par *Descartes*, *traduction française* de Picot, approuvée par Descartes, avec notes et appréciations critiques par *M. H. Joly*; in-12, br. 1 f. 25 c.

Monadologie (la), par *Leibniz*, avec introduction, analyse développée et appréciations philosophiques et critiques par *M. Th. Desdouits*, professeur de philosophie au lycée de Versailles; 1 vol. in-12, br. 1 f. 25 c.

Traité des Sensations, livre premier, par *Condillac*, avec introduction, analyse et appréciations par *M. Segond*, professeur de philosophie au collège Stanislas; 1 vol. in-12, br. » f.

Traité des Devoirs (livre Ier), par *Cicéron*, traduction française, avec le *texte latin* en regard, avec analyse développée et appréciations critiques par *M. H. Joly*; in-12, cart. 1 f. 25 c.

Traité de la Nature des Dieux (livre II), par *Cicéron*, traduction française de l'abbé d'*Olivet*, avec le *texte latin* en regard, revue et corrigée, avec introduction, analyse et appréciations critiques par *M. H. Joly*; in-12, cart. 1 f. 80 c.

De la Nature des choses (livre V), par *Lucrèce*, texte latin, en regard de la *traduction française :* édition précédée d'une introduction historique et critique et accompagnée de notes et remarques par *M. E. Talbot*, professeur de rhétorique au lycée Condorcet; in-12, cart. » f.

République (la), (livre VI), par *Platon*, traduction française de *Grou*, avec le *texte grec* en regard, revue et corrigée, avec introduction, analyse développée et appréciations par *M. L. Carrau*, directeur des conférences de philosophie à la faculté des lettres de Paris; in-12, cart. 1 f. 50 c.

L'ÉTHIQUE A NICOMAQUE

D'ARISTOTE

DIXIÈME LIVRE

TEXTE GREC
ET TRADUCTION FRANÇAISE EN REGARD

AVEC INTRODUCTION CRITIQUE ET NOTES

Par L. ROSSIGNEUX

PROFESSEUR AGRÉGÉ DE PHILOSOPHIE AU LYCÉE DE NICE.

PARIS
IMPRIMERIE ET LIBRAIRIE CLASSIQUES
Maison Jules DELALAIN et Fils
DELALAIN FRÈRES, Successeurs
56, RUE DES ÉCOLES.

*Toute contrefaçon sera poursuivie conformément aux lois;
tous les exemplaires sont revêtus de notre griffe.*

Delalain frères

1886.

INTRODUCTION.

Nous croyons inutile de raconter ici la vie d'Aristote ou d'exposer en détail toutes ses doctrines[1]. Nous nous bornerons à expliquer celles de ses idées qu'il est nécessaire d'avoir comprises pour pouvoir lire avec fruit le Xe livre de la *Morale à Nicomaque*.

Ce livre traite du *Plaisir* et de ses rapports avec le *Bonheur*, et des rapports de l'un et de l'autre avec la *Vertu*. Il est impossible d'approfondir de semblables questions sans toucher à la psychologie et à la métaphysique : c'est ce qui fait le grand intérêt de ces courtes et remarquables pages. Quant aux principales idées sur lesquelles s'appuient ou auxquelles font allusion les développements de ce X^e livre, elles peuvent se ranger sous trois chefs : le *Bien* en soi, le *Bien de l'homme*, la *Vertu*. Examinons-les succinctement.

I.

D'où vient d'abord cette idée du *Bien*? Comment la formons-nous, et comment la concevons-nous ? Suivant Aristote, elle a son origine dans l'analyse de ce fait universel et constant : le mouvement ou le devenir. Que tout être de l'univers soit soumis au changement, c'est ce qu'il est inutile de prouver : le moindre regard jeté autour de nous et sur nous le prouve immédiatement. Or, tout être qui change paraît chercher à devenir tout ce qu'il est possible qu'il devienne : l'enfant se développe pour devenir homme; l'œuf se développe pour devenir oiseau ; le gland, pour devenir chêne ; le métal se fond et se laisse modeler pour devenir statue. Deux phases principales sont à noter dans ce développe-

---

[1]. Nous renvoyons au *Cours de Philosophie* de M. H. Joly (p. 587 et suiv.) ou à ses *Études sur les Ouvrages philosophiques de l'enseignement classique*.

ment : d'abord une chose quelconque est simplement possible ou en puissance (ἐν δυνάμει); ou bien encore on n'en voit que la *matière*; puis elle arrive à sa forme et passe à *l'acte*.

Toute chose qui change ou se meut travaille donc à atteindre une certaine fin, qui est la réalisation de ce qu'elle contient de possible. Réaliser ce possible ou atteindre la fin par laquelle elle s'achève ou se complète, c'est ce qui pour elle est *bien* : de même que tout ce qui l'arrête, la comprime ou la dénature, en la détournant de sa fin ou en la maintenant incomplète et inachevée, est pour elle un *mal*.

Qu'une chose quelconque ait réalisé tout ce qu'il y avait en elle de possible, elle aura atteint son bien complet. Qu'un être n'ait même pas besoin de changement et de mouvement pour être soi-même ; qu'il n'y ait en lui aucune matière, et, par conséquent, aucun passage de la puissance à l'acte ; qu'il soit, en un mot, *acte pur* : il aura la perfection absolue ; or, tel est le souverain bien, fin suprême de l'homme et de la nature, perfection cherchée par le mouvement, donc principe de ce mouvement ; c'est ce qu'Aristote appelle le *moteur immobile* de tout l'univers, ou, plus brièvement, *Dieu*.

Chez un être qui se rend compte de ses propres actions, et qui veut en agissant savoir ce qu'il fait (et tel est l'homme), cette idée du bien en soi ne peut pas ne pas intervenir continuellement. Chaque action a un motif ; mais ce motif, à son tour, sera-t-il déterminé par un autre, et ainsi de suite ? Pas plus dans l'explication de nos actes que dans l'explication des mouvements du monde[1], on ne peut remonter indéfiniment. « Il faut s'arrêter » à un terme définitif et suffisant : ce terme c'est le souverain bien. Supprimez-le, et nous sommes *comme des archers qui n'ont pas de but, et qui ne savent où diriger leurs traits.* « Si nos actes[2], dit encore Aristote, ont un but que nous voulions pour lui-même, et en vue duquel nous désirions tout le reste, en sorte que chacune de nos déterminations ne soit pas successivement l'effet de quelque vue nouvelle (car alors cela serait à

---

1. Voyez, dans le *Cours de Philosophie* de M. Joly, l'explication de la preuve du premier moteur.
2. Voyez *Morale à Nicomaque*, livre I, ch. I.

l'infini, et nos vœux seraient entièrement vains et sans objet), il est évident que ce but ne saurait être que le bien en soi, et même le souverain bien ».

Mais Aristote ne laisse pas cette idée du souverain bien à l'état d'abstraction ou même de conception purement rationnelle. A côté de cette idée, il en pose une autre, qui lui paraît équivalente, ou qui en est tout au moins inséparable : c'est l'idée du *bonheur*. Du bonheur, en effet, comme du souverain bien, l'on peut dire qu'on ne cherche plus rien après lui. « Voilà précisément le caractère que semble avoir le vrai bonheur : c'est pour lui et toujours pour lui seul que nous le recherchons ; ce n'est jamais en vue d'autre chose. Au contraire, quand nous poursuivons les honneurs, les plaisirs, la science, la vertu, sous quelque forme que ce soit, nous désirons bien sans doute ces avantages pour eux-mêmes, puisque, indépendamment de toute autre conséquence, nous désirerions chacun d'eux ; mais cependant nous les désirons aussi en vue du bonheur, parce que nous croyons que tous ces avantages divers nous le peuvent assurer, tandis que personne ne peut désirer le bonheur en vue de quoi que ce soit autre que lui. » Encore une fois, ces deux idées n'en font qu'une. Supposer qu'au delà du souverain bien il y aurait encore un état de bonheur qui en serait distinct, ce serait placer quelque chose au-dessus du souverain bien, hypothèse évidemment absurde. Supposer, d'autre part, un bonheur parfait auquel manquerait quoi que ce fût de ce qui peut caractériser ce bien suprême, ne serait pas moins contradictoire.

S'il fallait cependant mettre une distinction entre les deux idées, il est clair que l'idée supérieure et maîtresse serait l'idée du souverain bien. Car, pour jouir du bonheur, il faudrait connaître cette idée : l'être souverainement heureux est celui qui connaît sa propre perfection, qui la voit et qui en jouit.

II.

Mais l'homme doit avoir son bien à lui, parce qu'il a sa nature à lui. Quel rapport existe-t-il entre le *bien* proprement humain et le *bien suprême* ou *bien en soi* ?

Tout être ayant une nature particulière et spéciale doit avoir un bien qui y réponde, de même que tout art à un

but qu'il poursuit. Le but de la médecine, c'est la santé ; celui de l'architecture navale, c'est le navire; celui de la stratégie, c'est la victoire; celui de la science économique, c'est la richesse. Ainsi, de même que pour le musicien, pour le statuaire, pour tout artiste, et, en général, pour tous ceux qui produisent quelque œuvre et qui agissent d'une manière quelconque, le bien et la perfection, ce semble, sont dans l'œuvre spéciale qu'ils accomplissent: de même, l'homme doit trouver le bien dans son œuvre propre, si toutefois il est une œuvre spéciale que l'homme doive accomplir.

Toutes les fois qu'un acte spécial est accompli, le sentiment qu'en a son auteur fait naître ce qu'on appelle du *plaisir*. On verra dans le Xe livre comment Aristote s'applique à mettre en lumière ce rapport si intime, suivant lui, du plaisir et de l'action, le plaisir naissant de l'acte, comme la fleur ou la beauté de la jeunesse naît du développement de la jeunesse même.

Mais, maintenant, qu'est-ce que le bonheur? C'est un ensemble de plaisirs qui se continuent et qui durent. Car « une seule hirondelle ne fait pas le printemps, non plus qu'un seul beau jour ». Et cette durée, d'où vient-elle? De la continuité d'une action toujours capable de mener à bien l'œuvre propre qu'elle exécute. Ce ne sont donc pas des plaisirs quelconques qui pourront faire le bonheur d'un être. Il est, en effet, des actes accidentels, étrangers à la nature essentielle et aux facultés caractéristiques de l'individu, et qui, en lui procurant des plaisirs momentanés, affaibliront chez lui des énergies plus précieuses, et par conséquent tariront des sources plus profondes d'action et de bonheur. Pour trouver l'ensemble des plaisirs désirables qui doivent assurer à l'homme le bonheur le plus grand possible, force est donc de revenir à l'étude de l'activité propre de l'homme et de ce qui caractérise sa nature.

Or, l'homme a d'abord un bien qui correspond à son activité animale, et qui est la santé. Il aspire ensuite à un bien qui enveloppe et dépasse le précédent : c'est l'exercice aussi complet que possible d'une activité éclairée par le raisonnement et l'expérience, agissant librement au sein d'une société qui lui fournit, avec un champ d'action plus vaste, un but plus élevé. Mais il est, enfin, dans l'homme un genre d'activité plus noble et plus parfait que tous les autres, et

qui achève de donner à sa nature son caractère dominateur : c'est la raison en acte, c'est-à-dire la raison contemplant les principes supérieurs des choses et expliquant définitivement tout par eux.

Cette contemplation-là est l'acte par excellence, et Aristote nous dit toutefois qu'elle nous fait participer à l'immobilité, qui est le propre de la vie divine. C'est que, dans le langage d'Aristote, il ne faut pas, on l'a déjà vu, confondre l'action et le mouvement : le mouvement est ce qui tend à l'action et la prépare dans les conditions de notre imparfaite existence. Mais l'acte parfait ou achevé, c'est l'état heureux d'une nature qui, parvenue au terme de son mouvement ou n'ayant pas eu besoin de ce mouvement, voit et comprend tout intuitivement, de même qu'elle se possède en paix, avec plénitude, sans contradiction, sans crainte, sans agitation et sans effort.

Voilà l'activité idéale ; voilà, par conséquent, le bonheur idéal ; l'un et l'autre sont l'apanage de cette partie de notre nature qui dépasse en quelque sorte notre humanité et nous ocie à la vie divine. Pour la jouissance de ce bonheur contemplatif devons-nous abandonner et sacrifier l'activité purement humaine dont nous parlions tout à l'heure? Non ; mais, de même que nous devons ennoblir notre vie animale par la modération, la prudence et l'harmonie intelligente, nous devons agrandir et purifier notre vie proprement humaine en la soumettant constamment à la suprématie bienfaisante de la vie contemplative. Plus nous savons nous élever, dans la pratique d'une science et d'un art, aux principes simples et éternels qui les expliquent, mieux nous les possédons. Ainsi, en chaque genre d'occupations et en chaque espèce de talents, il y a une manière de s'élever, d'efforts en efforts, jusqu'à un point de vue définitif, où tout se transforme, parce que tout, étant expliqué ou régi par des vérités absolues, prend un caractère de sérénité divine.

Et pourquoi est-ce là seulement que l'homme peut trouver son bien complet? Parce que l'homme trouve dans sa raison l'idée du bien suprême et parfait. Cette raison fait partie intégrante de sa nature, qui ne peut essayer de s'en affranchir sans être par cela même mutilée et dégradée. En résumé, un être qui a l'idée d'un bien en soi, supérieur à tous les autres, et qui sent que toutes les démarches de son

esprit le ramènent à cette notion maîtresse, ne peut être pleinement satisfait que s'il réussit à posséder ce bien dans la mesure où il en est capable. Tel est le lien étroit qui existe entre le *bien en soi* et le *bien propre à l'homme*.

III.

Mais par quoi l'homme arrive-t-il à la jouissance de ce bien ? Par la *vertu*.

L'idée de *vertu* est pour Aristote une idée très générale, qui n'implique point nécessairement et partout l'idée de *mérite*, avec laquelle nous avons pris, quant à nous, l'habitude de la confondre. Toute chose a sa vertu, tout être a la sienne. La vertu d'un être quelconque est ce qui en complète la bonne disposition et lui assure l'exécution achevée de son œuvre propre. Ainsi, bien voir est la vertu de l'œil vivant, et bien courir est la vertu du cheval.

Que faut-il donc à l'homme pour être vertueux, c'est-à-dire pour que toutes ses facultés mènent leur œuvre propre à la perfection qui leur convient ? L'analyse très pénétrante d'Aristote distingue, ce nous semble, sept conditions principales. On les trouve toutes indiquées dans le *livre* qu'on va lire ; mais il est bon de les énumérer ici distinctement.

1° Il faut d'abord un certain fond, qui n'est pas de nous : c'est « une force irrationnelle par laquelle la nature nous pousse ». En d'autres passages, Aristote dit que ce fond est quelque chose de « divin ». Les scolastiques, qui trouvaient tant à prendre et à louer dans ses écrits, pouvaient comparer cette force mystérieuse à la grâce divine. Quelques philosophes de nos jours y voient l'analogue de ce qu'ils appellent le *fond héréditaire*, lentement acquis, de la race humaine.

2° En second lieu, il faut à l'homme des moyens naturels, tels que la santé, un bien-être suffisant, la liberté. Aristote, en effet, ne voit pas, comme Platon paraît l'avoir vu, que la force morale peut s'élever à une vertu d'autant plus haute que les moyens extérieurs lui manquent davantage. A ses yeux, la vertu, pas plus que le bonheur, ne peut être le partage d'un malade, d'un homme réduit à la misère, à plus forte raison d'un esclave.

3° Mais, en troisième lieu, il faut l'intention, c'est-à-dire le libre choix et l'effort personnel. Ni la vertu ni le bonheur, auquel elle conduit, ne peuvent être simplement « le résultat du hasard ou de la nature ». ils sont l'un et l'autre « la récompense des efforts que les individus ont faits pour acquérir certaines qualités et le prix des actions qu'ils ont accomplies dans ce but[1] ».

4° Mais à ces efforts et aux résultats qu'ils donnent il faut une certaine continuité. Un acte vertueux ne fait pas la vertu, pas plus qu'un moment de plaisir ne fait le bonheur. La vertu est donc une habitude, conforme à la nature primitive de l'être, rendue possible par les circonstances extérieures, mais acquise intentionnellement et fortifiée par la continuité des efforts.

5° Demandons-nous maintenant de quoi elle est une habitude. Elle est l'habitude de tenir un juste milieu entre l'excès et le défaut dans le développement de chacune de nos facultés qui comportent l'existence de ces deux termes extrêmes. Cette idée est une de celles qui reviennent le plus souvent chez notre philosophe, et c'est presque toujours elle qu'on met en saillie lorsqu'on explique sa morale. Nous ne croyons pas cependant qu'il y ait attaché une importance capitale : car il admet beaucoup d'exceptions à cette règle. « Il est, dit-il, des vertus et des vices qui ne comportent point de milieu. »

6° Pour que l'homme puisse contracter de telles habitudes, il faut qu'il use de son intelligence ; et cela de deux manières, qui, quoique pouvant parfois se suppléer mutuellement, gagnent à être réunies. Il s'agit de la science théorique et de l'expérience. La seconde donne le moyen de juger promptement ce qu'il faut faire dans les circonstances particulières ; la première explique les raisons générales et enlève à l'action son caractère accidentel ou routinier. Si l'une a un caractère plus pratique, l'autre participe davantage à la dignité de l'acte contemplateur ; et, encore une fois, toutes deux sont nécessaires à la vertu.

7° Enfin, une dernière condition, c'est le choix d'un modèle ou type de vertu, avec lequel l'imagination se familiarise

---

1. Voyez *Morale à Eudème*, livre I, ch. III.

en quelque sorte, et qui aide notre activité à mieux trouver la mesure harmonieuse de ses efforts. Le spectacle et le commerce de l'homme pratiquement vertueux sont encore plus utiles pour faire discerner et pratiquer la véritable vertu, que la conception abstraite de la vertu n'est utile pour nous amener à devenir vertueux. C'est à cette dernière distinction qu'il faut, ce semble, rattacher les vues d'Aristote sur la société et sur les rapports de la législation et de la vertu [1].

Cette minutieuse analyse porte encore Aristote à distinguer deux sortes de vertus : les vertus *intellectuelles*, qui supposent la connaissance et la science, et les vertus *morales*, qui consistent dans la pratique habituelle du bien ; mais il est clair que la vertu, en général, suppose la réunion des unes et des autres, et que la perfection et le bonheur sont à ce prix.

Quelle est la part du plaisir dans cet ensemble ? C'est ce que la lecture du X° livre fera voir en détail ; mais toute cette partie de la doctrine peut se résumer ainsi :

Le plaisir n'est pas un mouvement, c'est l'achèvement de l'acte qui en résulte. Il n'y a donc pas de plaisir sans action : mais le plaisir augmente la vigueur de l'acte auquel il est dû.

Le plaisir étant lié à l'action, il y a un plaisir propre pour chaque genre d'action. Il y a, par conséquent, des plaisirs honteux et des plaisirs honnêtes, comme il y a des actions honnêtes et des actions honteuses.

Le plaisir est donc un élément nécessaire du bonheur, quand il est conforme à toutes les conditions qui assurent les actes les plus parfaits possible, c'est-à-dire les actes vertueux. Et ainsi le plaisir est un élément nécessaire du bonheur, comme le bonheur est le signe qu'on est parvenu, par la vertu, à la possession du souverain bien.

Telle est l'unité de cette profonde doctrine.

L. ROSSIGNEUX.

---

1. Voyez la fin du X° livre.

ARISTOTE.
ÉTHIQUE A NICOMAQUE.
LIVRE DIXIÈME.

ΑΡΙΣΤΟΤΕΛΟΥΣ
ΗΘΙΚΩΝ ΝΙΚΟΜΑΧΕΙΩΝ
ΒΙΒΛΙΟΝ Ι'.

Chapitre Ier. — *Du plaisir*.

Περὶ μὲν οὖν φιλίας ἐπὶ τοσοῦτον εἰρήσθω · μετὰ δὲ ταῦτα περὶ ἡδονῆς ἴσως ἕπεται διελθεῖν. Μάλιστα γὰρ δοκεῖ συνῳκειῶσθαι τῷ γένει ἡμῶν, διὸ παιδεύουσι τοὺς νέους οἰακίζοντες ἡδονῇ καὶ λύπῃ · δοκεῖ δὲ καὶ πρὸς τὴν τοῦ ἤθους ἀρετὴν μέγιστον εἶναι τὸ χαίρειν οἷς δεῖ καὶ μισεῖν ἃ δεῖ. Διατείνει γὰρ ταῦτα διὰ παντὸς τοῦ βίου, ῥοπὴν ἔχοντα καὶ δύναμιν πρὸς ἀρετήν τε καὶ τὸν εὐδαίμονα βίον. Τὰ μὲν γὰρ ἡδέα προαιροῦνται, τὰ δὲ λυπηρὰ φεύγουσιν.

Ὑπὲρ δὲ τῶν τοιούτων ἥκιστ' ἂν δόξειεν παρετέον εἶναι, ἄλλως τε καὶ πολλὴν ἐχόντων ἀμφισβήτησιν. Οἱ μὲν γὰρ τἀγαθὸν ἡδονὴν λέγουσι, οἱ δ' ἐξ ἐναντίας κομιδῇ φαῦλον, οἱ μὲν ἴσως πεπεισμένοι οὕτω καὶ ἔχειν, οἱ δὲ οἰόμενοι βέλτιον εἶναι πρὸς τὸν βίον ἡμῶν ἀποφαίνειν τὴν ἡδονὴν τῶν φαύλων, καὶ εἰ μή ἐστίν · ῥέπειν γὰρ τοὺς πολλοὺς πρὸς αὐτὴν καὶ δουλεύειν ταῖς ἡδοναῖς, διὸ δεῖν εἰς τοὐναντίον ἄγειν · ἐλθεῖν γὰρ ἂν οὕτως ἐπὶ τὸ μέσον[1].

Μή ποτε δὲ οὐ καλῶς τοῦτο λέγεται. Οἱ γὰρ περὶ τῶν ἐν τοῖς πάθεσι καὶ ταῖς πράξεσι λόγοι ἧττόν εἰσι πιστοὶ τῶν ἔργων · ὅταν οὖν διαφωνῶσιν τοῖς κατὰ τὴν αἴσθησιν, κατα-

---

1. On sait quelle est l'importance de cette idée chez Aristote.

ARISTOTE.
ETHIQUE A NICOMAQUE.
LIVRE X.

Chapitre Ier. — *Du plaisir*.

Voilà ce que nous avons à dire sur l'amitié. Il conviendrait peut-être maintenant de traiter du plaisir. Rien ne semble, en effet, mieux approprié à notre espèce : on le voit bien dans l'éducation des enfants, que l'on gouverne par le plaisir et par la douleur. Ce qui paraît exiger par-dessus tout la vertu morale, c'est qu'on se plaise à ce à quoi il faut se plaire, et qu'on haïsse ce qu'il faut haïr. Ces sentiments étendent leur influence sur l'existence tout entière, et ils font beaucoup pour la vertu et pour le bonheur de la vie : car on préfère ce qui est agréable, et l'on fuit ce qui est douloureux.

Ce sont là des questions qu'on peut d'autant moins négliger qu'elles offrent quelque matière à la controverse. Les uns disent que le plaisir est le bien même ; les autres, au contraire, le proclament absolument mauvais. Mais, parmi ces derniers, les uns sont peut-être convaincus qu'il en est comme ils le disent, et les autres pensent qu'il est meilleur pour notre vie de ranger le plaisir parmi les maux, alors même qu'il n'en serait pas un : car c'est de ce côté que penchent la plupart des hommes, esclaves des voluptés ; et on croit qu'il faut les pousser en sens contraire, pour être plus sûr de les ramener au juste milieu[1].

Mais peut-être se trompe-t-on ici. Les discours qu'on tient sur les passions et sur les actions trouvent moins de créance que les actes mêmes. Lors donc qu'ils sont en contradiction avec l'expérience commune, ils sont frappés de

---

[1] Voyez l'Introduction.

φρονούμενοι καὶ τἀληθὲς προσαναιροῦσιν· ὁ γὰρ ψέγων τὴν ἡδονήν, ὀφθείς ποτε ἐφιέμενος, ἀποκλίνειν δοκεῖ πρὸς αὐτὴν ὡς τοιαύτην οὖσαν ἅπασαν· τὸ διορίζειν γὰρ οὐκ ἔστι τῶν πολλῶν. Ἐοίκασιν οὖν οἱ ἀληθεῖς τῶν λόγων οὐ μόνον πρὸς τὸ εἰδέναι χρησιμώτατοι εἶναι, ἀλλὰ καὶ πρὸς τὸν βίον· συνῳδοὶ γὰρ ὄντες τοῖς ἔργοις πιστεύονται, διὸ προτρέπονται τοὺς συνιέντας ζῆν κατ' αὐτούς. Τῶν μὲν οὖν τοιούτων ἅλις, τὰ δὲ εἰρημένα περὶ τῆς ἡδονῆς ἐπέλθωμεν.

CHAPITRE II. — *Doctrine d'Eudoxe sur le plaisir.*

Εὔδοξος[1] μὲν οὖν τὴν ἡδονὴν τἀγαθὸν ᾤετ' εἶναι διὰ τὸ πάνθ' ὁρᾶν ἐφιέμενα αὐτῆς, καὶ ἔλλογα καὶ ἄλογα (ἐν πᾶσιν γὰρ εἶναι τὸ αἱρετὸν ἐπιεικές, καὶ τὸ μάλιστα κράτιστον· τὸ δὴ πάντ' ἐπὶ ταὐτὸ φέρεσθαι μηνύειν ὡς πᾶσιν τοῦτο ἄριστον· ἕκαστον γὰρ τὸ αὑτῷ ἀγαθὸν εὑρίσκειν, ὥσπερ καὶ τροφήν, τὸ δὲ πᾶσιν ἀγαθόν, καὶ οὗ πάντ' ἐφίεται, τἀγαθὸν εἶναι)· ἐπιστεύοντο δ' οἱ λόγοι διὰ τὴν τοῦ ἤθους ἀρετὴν μᾶλλον ἢ δι' αὐτούς. Διαφερόντως γὰρ ἐδόκει σώφρων εἶναι· οὐ δὴ ὡς φίλος τῆς ἡδονῆς ἐδόκει ταῦτα λέγειν, ἀλλ' οὕτως ἔχειν κατ' ἀλήθειαν.

Οὐχ ἧττον δ' ᾤετο εἶναι φανερὸν ἐκ τοῦ ἐναντίου· τὴν γὰρ λύπην καθ' αὑτὸ πᾶσιν φευκτὸν εἶναι, ὁμοίως δὴ τὸ ἐναντίον αἱρετόν. Μάλιστα δ' εἶναι αἱρετὸν ὃ μὴ δι' ἕτερον μηδ' ἑτέρου χάριν αἱρούμεθα· τοιοῦτο δ' ὁμολογουμένως εἶναι τὴν ἡδονήν· οὐδένα γὰρ ἐπερωτᾶν τίνος ἕνεκα ἥδεται, ὡς καθ' αὑτὴν οὖσαν αἱρετὴν τὴν ἡδονήν. Προστιθεμένην τε ὁτῳοῦν τῶν ἀγαθῶν αἱρετώτερον ποιεῖν, οἷον τῷ δικαιοπραγεῖν καὶ σωφρονεῖν· αὔξεσθαι δὲ τὸ ἀγαθὸν [αὐτὸ] αὑτῷ.

---

1. Cet Eudoxe est peu connu. On se demande s'il est le même qu'un certain Eudoxe de Cnide, qui était astronome et

discrédit et ils entraînent dans leur chute la vérité même qu'ils renfermaient. En effet, si l'on voit une fois le contempteur du plaisir en rechercher un seul, il semble que toute espèce de plaisir doive l'attirer comme également désirable : car il appartient à peu de gens de faire une différence. Il apparaît donc que la vérité n'est pas seulement très utile pour la science, mais qu'elle l'est aussi pour la conduite de la vie. Quand les discours sont d'accord avec les faits, on les croit; et ceux qui les ont compris y conforment leur existence. Mais c'en est assez sur ce point. Allons maintenant aux opinions exprimées sur le plaisir.

Chapitre II. — *Doctrine d'Eudoxe sur le plaisir.*

L'opinion d'Eudoxe[1] était que le plaisir est le bien même, parce qu'on voit, disait-il, que tous les êtres, raisonnables ou irraisonnables, le recherchent (car, en toutes choses, ce qu'on préfère par-dessus tout est le meilleur, et si tous les êtres se portent vers le plaisir, c'est un signe de l'excellence de sa nature : chaque être, en effet, sait trouver ce qui lui est bon : nous le voyons pour les aliments, et ainsi ce qui est bon pour tous et ce que tous recherchent est le bien par excellence). Si ces discours obtenaient créance, c'était plutôt par la vertu du caractère d'Eudoxe que pour leur propre valeur. Car il avait une grande réputation de sagesse, et l'on pensait que, s'il parlait ainsi, c'était non par amour du plaisir, mais par respect pour la vérité.

La même chose lui paraissait prouvée par l'examen de son contraire : car si la douleur est en elle-même ce qui est à éviter pour tout le monde, son contraire est ce que l'on doit préférer. Or, ce qui est par-dessus tout préférable, c'est ce qui ne se recherche point à cause ou en vue d'une autre chose ; et, de l'aveu de tous, tel est bien le plaisir. Personne, en effet, ne va demander à un homme pourquoi il jouit du plaisir ; le plaisir se recherche pour lui-même. Ajouté à un autre bien, quel qu'il soit, comme à des actes de justice et de sagesse, il le rend encore plus désirable ; or, le bien ne peut s'accroître aussi que par le bien même.

---

vivait vers l'an 360 avant Jésus-Christ.

Ἔοικεν δὴ οὗτός γε ὁ λόγος τῶν ἀγαθῶν αὐτὴ ἀποφαίνειν, καὶ οὐδὲν μᾶλλον ἑτέρου· πᾶν γὰρ μεθ' ἑτέρου ἀγαθοῦ αἱρετώτερον ἢ μονούμενον. Τοιούτῳ δὴ λόγῳ καὶ Πλάτων ἀναιρεῖ ὅτι οὐκ ἔστιν ἡδονὴ τἀγαθόν· αἱρετώτερον γὰρ εἶναι τὸν ἡδὺν βίον μετὰ φρονήσεως ἢ χωρίς, εἰ δὲ τὸ μικτὸν κρεῖττον, οὐκ εἶναι τὴν ἡδονὴν τἀγαθόν· οὐδενὸς γὰρ προστεθέντος αὐτὸ τἀγαθὸν αἱρετώτερον γίνεσθαι. Δῆλον δ' ὡς οὐδ' ἄλλο οὐδὲν τἀγαθὸν ἂν εἴη, ὃ μετά τινος τῶν καθ' αὑτὸ ἀγαθῶν αἱρετώτερον γίνεται. Τί οὖν ἐστι τοιοῦτον, οὗ καὶ ἡμεῖς κοινωνοῦμεν; τοιοῦτον γὰρ ἐπιζητεῖται.

Οἱ δ' ἐνιστάμενοι ὡς οὐκ ἀγαθὸν οὗ πάντ' ἐφίεται, μὴ οὐθὲν λέγωσιν. Ἃ γὰρ πᾶσι δοκεῖ, ταῦτ' εἶναι φαμέν· ὁ δ' ἀναιρῶν ταύτην τὴν πίστιν οὐ πάνυ πιστότερα ἐρεῖ. Εἰ μὲν γὰρ τὰ ἀνόητα ὠρέγετο αὐτῶν, ἦν ἄν τι (τὸ) λεγόμενον· εἰ δὲ καὶ τὰ φρόνιμα, πῶς λέγοιεν ἄν τι; ἴσως δὲ καὶ ἐν τοῖς φαύλοις ἔστι τι φυσικὸν [ἀγαθὸν] κρεῖττον ἢ καθ' αὑτά, ὃ ἐφίεται τοῦ οἰκείου ἀγαθοῦ.

Οὐκ ἔοικεν δὲ οὐδὲ περὶ τοῦ ἐναντίου καλῶς λέγεσθαι[1]. Οὐ γάρ φασιν, εἰ ἡ λύπη κακόν ἐστι, τὴν ἡδονὴν ἀγαθὸν εἶναι· ἀντικεῖσθαι γὰρ καὶ κακὸν κακῷ καὶ ἄμφω τῷ μηδετέρῳ, λέγοντες ταῦτα οὐ κακῶς, οὐ μὴν ἐπί γε τῶν εἰρημένων ἀληθεύοντες[2]. Ἀμφοῖν μὲν γὰρ ὄντων κακῶν καὶ φευκτὰ ἔδει ἄμφω εἶναι, τῶν μηδετέρων δὲ μηδέτερον ἢ ὁμοίως· νῦν δὲ φαίνονται τὴν μὲν φεύγοντες ὡς κακόν, τὴν δὲ αἱρούμενοι ὡς ἀγαθόν· οὕτω δὴ καὶ ἀντίκειται.

---

1. Speusippe.

Il semble toutefois que ce raisonnement d'Eudoxe prouve simplement que le plaisir est l'un des biens, sans prouver qu'il soit au-dessus de tout autre bien : car tout bien ajouté à un autre a plus de prise que s'il restait seul. C'est ainsi que Platon démontre que le plaisir n'est pas le souverain bien. Car une vie agréable vaudra mieux encore avec la sagesse que sans la sagesse. Or, si le mélange des deux choses est préférable, il s'ensuit que le plaisir n'est pas le souverain bien : car le bien suprême est celui qui est tel à lui seul sans le concours de rien autre chose. Il est donc évident que rien de ce qui, joint à autre chose, en devient plus agréable, ne saurait être le bien par excellence. Où donc pouvons-nous trouver un bien de cette nature auquel nous puissions participer ? Voilà ce que l'on recherche.

Objecter que ce que tous les êtres désirent n'est pas un bien, c'est là ne rien dire. Car ce qui obtient l'assentiment de tous est pour nous la vérité : et celui qui s'attaque à une telle croyance ne pourra rien dire qui mérite plus de créance. En effet, si les êtres privés de raison étaient seuls à désirer les plaisirs, l'objection aurait peut-être quelque valeur. Mais si les êtres raisonnables ont le même désir, est-elle soutenable ? Mais peut-être y a-t-il dans les êtres inférieurs un instinct physique supérieur à eux qui les entraîne vers leur bien propre.

Mais on paraît encore se tromper dans la discussion du raisonnement par le contraire[1]. En effet, on nie que, si la douleur est un mal, le plaisir soit nécessairement un bien : un mal pouvant être opposé à un autre mal, et tous les deux pouvant être le contraire d'une chose qui ne serait ni bonne ni mauvaise. Il y a là du vrai, mais rien qui soit probant dans la question dont il s'agit[2]. Car, si le plaisir et la douleur étaient également des maux, il faudrait également les fuir l'un et l'autre. S'ils sont indifférents, il ne faut ni les rechercher ni les fuir ; et, en tout cas, il faut les traiter sur le même pied. Mais, en réalité, il est évident que tous les hommes fuient l'un comme un mal et recherchent l'autre comme un bien, en quoi ils sont vraiment opposés.

---

2. C'est-à-dire contre l'opinion d'Eudoxe.

Chapitre III.—*De quelques autres arguments par lesquels les Platoniciens essayent d'établir que le plaisir n'est pas un bien.*

Οὐ μὴν οὐδ' εἰ μὴ τῶν ποιοτήτων ἐστὶν ἡ ἡδονή, διὰ τοῦτο οὐδὲ τῶν ἀγαθῶν· οὐδὲ γὰρ αἱ τῆς ἀρετῆς ἐνέργειαι ποιότητές εἰσιν, οὐδ' ἡ εὐδαιμονία. Λέγουσι[1] δὲ τὸ μὲν ἀγαθὸν ὡρίσθαι, τὴν δ' ἡδονὴν ἀόριστον εἶναι, ὅτι δέχεται τὸ μᾶλλον καὶ τὸ ἧττον. Εἰ μὲν οὖν ἐκ τοῦ ἥδεσθαι τοῦτο κρίνουσιν, καὶ περὶ τὴν δικαιοσύνην καὶ τὰς ἄλλας ἀρετάς, καθ' ἃς ἐναργῶς φασι μᾶλλον καὶ ἧττον τοὺς ποιοὺς ὑπάρχειν καὶ (πράττειν) κατὰ τὰς ἀρετάς, ἔσται τὸ αὐτό (δίκαιοι γάρ εἰσι μᾶλλον καὶ ἀνδρεῖοι, ἔστι δὲ καὶ δικαιοπραγεῖν καὶ σωφρονεῖν μᾶλλον καὶ ἧττον)· εἰ δὲ ταῖς ἡδοναῖς[2], μή ποτ' οὐ λέγουσι τὸ αἴτιον, ἂν ὦσιν αἱ μὲν ἀμιγεῖς αἱ δὲ μικταί. Τί δὲ κωλύει, καθάπερ ὑγίεια ὡρισμένη οὖσα δέχεται τὸ μᾶλλον καὶ τὸ ἧττον, οὕτω καὶ τὴν ἡδονήν[3]; οὐ γὰρ ἡ αὐτὴ συμμετρία ἐν πᾶσίν ἐστιν, οὐδ' ἐν τῷ αὐτῷ μία τις ἀεί, ἀλλ' ἀνιεμένη διαμένει ἕως τινός, καὶ διαφέρει τῷ μᾶλλον καὶ ἧττον. Τοιοῦτον δὴ καὶ τὸ περὶ τὴν ἡδονὴν ἐνδέχεται εἶναι.

Τέλειόν τε τἀγαθὸν τιθέντες, τὰς δὲ κινήσεις καὶ τὰς γενέσεις ἀτελεῖς, τὴν ἡδονὴν κίνησιν καὶ γένεσιν ἀποφαίνειν πειρῶνται. Οὐ καλῶς δ' ἐοίκασι λέγειν οὐδ' εἶναι κίνησιν. Πάσῃ γὰρ οἰκεῖον εἶναι δοκεῖ τάχος καὶ βραδυτής, καὶ εἰ μὴ καθ' αὑτήν, οἷον τῇ τοῦ κόσμου, πρὸς ἄλλο· τῇ δ' ἡδονῇ τούτων οὐδέτερον ὑπάρχει. Ἡσθῆναι μὲν γὰρ ἔστι ταχέως ὥσπερ ὀργισθῆναι, ἥδεσθαι δ' οὔ, οὐδὲ πρὸς ἕτερον, βαδίζειν δὲ καὶ

---

1. Platon dans le *Phèdre*.
2. Et non dans les états de ceux qui les éprouvent.
3. L'indétermination, en effet, selon Platon, n'est le caractère

Chapitre III. — *De quelques autres arguments par lesquels les Platoniciens essayent d'établir que le plaisir n'est pas un bien.*

Au reste, il n'est pas dit que, si le plaisir ne fait point partie des qualités, il doive être par là même exclu du nombre des biens : car ni les actes vertueux ni le bonheur ne sont des qualités. On dit[1] que le bien est déterminé, et que le plaisir ne l'est pas, parce qu'il comporte du plus ou du moins. Mais juge-t-on du caractère indéterminé du plaisir par la sensation qu'on en a? Il faut dire alors la même chose de la justice et des autres vertus, qu'évidemment les hommes possèdent à des degrés divers : car on peut être plus ou moins juste ou plus ou moins brave, et il y a des degrés dans la justice et dans la sagesse des actions humaines. Mais si l'on veut dire que l'indétermination est dans les plaisirs mêmes[2], peut-être n'en donne-t-on pas la véritable explication, s'il est vrai que parmi les plaisirs, les uns sont sans mélange et les autres sont mélangés? Mais qui empêche d'admettre du plus ou du moins dans le plaisir comme dans la santé, qui est cependant quelque chose de déterminé[3]? Car la santé n'a pas les mêmes proportions chez les divers individus, elle n'est pas toujours la même chez un même homme ; mais elle se relâche pendant quelque temps et présente des variations en plus ou en moins. Il peut en être ainsi pour le plaisir.

On pose, d'autre part, que le bien est une chose parfaite en soi, et que tout mouvement et tout devenir est imparfait; puis on s'efforce de démontrer que le plaisir est mouvement et devenir. Mais il ne semble pas ici qu'on ait raison, pas même en soutenant que le plaisir est un mouvement. En effet, la vitesse et la lenteur sont propres à tout mouvement, sinon au mouvement absolu, comme est celui de l'univers, du moins au mouvement relatif; or, on ne trouve dans le plaisir aucune de ces deux espèces de mouvements. On peut s'être mis rapidement dans un état de joie ou dans un état

---

que des seuls plaisirs mélangés (mélangés d'un certain élément de peine).

αὔξεσθαι καὶ πάντα τὰ τοιαῦτα. Μεταβάλλειν μὲν οὖν εἰς τὴν ἡδονὴν ταχέως καὶ βραδέως ἔστιν, ἐνεργεῖν δὲ κατ' αὐτὴν οὐκ ἔστιν ταχέως, λέγω δ' ἥδεσθαι. Γένεσίς τε πῶς ἂν εἴη; δοκεῖ γὰρ οὐκ ἐκ τοῦ τυχόντος τὸ τυχὸν γίνεσθαι, ἀλλ' ἐξ οὗ γίνεται, εἰς τοῦτο διαλύεσθαι· καὶ οὗ γένεσις ἡ ἡδονή, τούτου ἡ λύπη φθορά[1].

Καὶ λέγουσι δὲ τὴν μὲν λύπην ἔνδειαν τοῦ κατὰ φύσιν εἶναι, τὴν δ' ἡδονὴν ἀναπλήρωσιν. Ταῦτα δὲ σωματικά ἐστι τὰ πάθη. Εἰ δή ἐστι τοῦ κατὰ φύσιν ἀναπλήρωσις ἡ ἡδονή, ἐν ᾧ ἀναπλήρωσις, τοῦτ' ἂν καὶ ἥδοιτο· τὸ σῶμα ἄρα· οὐ δοκεῖ δέ[2]· οὐδ' ἔστιν ἄρα ἀναπλήρωσις ἡ ἡδονή, ἀλλὰ γινομένης μὲν ἀναπληρώσεως ἥδοιτ' ἄν τις, καὶ τεμνόμενος λυποῖτο[3]. Ἡ δόξα δ' αὕτη δοκεῖ γεγενῆσθαι ἐκ τῶν περὶ τὴν τροφὴν λυπῶν καὶ ἡδονῶν· ἐνδεεῖς γὰρ γενομένους καὶ προλυπηθέντας ἥδεσθαι τῇ ἀναπληρώσει. Τοῦτο δ' οὐ περὶ πάσας συμβαίνει τὰς ἡδονάς· ἄλυποι γάρ εἰσιν αἵ τε μαθηματικαὶ καὶ τῶν κατὰ τὰς αἰσθήσεις αἱ διὰ τῆς ὀσφρήσεως, καὶ ἀκροάματα δὲ καὶ ὁράματα πολλὰ καὶ μνῆμαι καὶ ἐλπίδες. Τίνος οὖν αὗται γενέσεις ἔσονται; οὐδενὸς γὰρ ἔνδεια γεγένηται, οὗ γένοιτ' ἂν ἀναπλήρωσις.

Πρὸς δὲ τοὺς προφέροντας[4] τὰς ἐπονειδίστους τῶν ἡδονῶν λέγοι τις ἂν ὅτι οὐκ ἔστιν ταῦθ' ἡδέα· οὐ γὰρ εἰ τοῖς κακῶς

---

1. Si le plaisir était une génération (comme le dit l'objection que veut réfuter Aristote), il se résoudrait en ses éléments. Or, quand il se résout ou se dissout, ce n'est pas du plaisir qu'on a, c'est de la douleur. Il en faudrait conclure que le plaisir naît du besoin (qui est une forme de la douleur). C'est ce qu'Aristote n'admet pas, comme on va le voir.

de colère ; mais il n'y a ni vitesse absolue ni vitesse relative dans le fait de jouir, comme il y a de la vitesse dans la marche ou dans l'accroissement. On peut donc passer vite ou lentement à un état de plaisir, mais non pas mettre de la vitesse dans l'acte qui en résulte, je veux dire dans le plaisir. Comment aussi le plaisir serait-il une génération ? Car nous ne voyons pas qu'une chose quelconque vienne d'une autre chose quelconque ; mais tout produit se résout dans les éléments dont il a été formé ; et la douleur est la dissolution de ce dont le plaisir est la génération [1].

On dit encore que la douleur est une privation de ce que la nature demande, et que le plaisir en est la plénitude. Mais ce sont là des affections du corps. Si donc le plaisir était cette plénitude de ce que la nature réclame, là où serait cette plénitude serait aussi le plaisir. Le plaisir appartiendrait donc au corps, et c'est ce que nous n'admettons pas [2]. Ainsi le plaisir n'est pas cette plénitude dont on parle, bien qu'il puisse en être la conséquence ; ainsi (en sens inverse) on ressent de la douleur quand on se coupe [3]. Cette opinion paraît avoir été suggérée par l'observation des plaisirs et des douleurs relatifs à la nourriture : car, après que nous avons éprouvé ce besoin, et que nous en avons souffert, nous jouissons lorsqu'il est pleinement satisfait. Mais il n'en est pas de même pour tous les plaisirs. Aucune peine ne se mêle aux plaisirs que nous devons à la science ; et, parmi les plaisirs des sens, ceux qui tiennent à l'odorat, à l'ouïe, à la vue, sont dans le même cas, ainsi que beaucoup de souvenirs et d'espérances. De quoi donc ces plaisirs seront-ils des générations ? Il n'y a là, en effet, aucun besoin à satisfaire et aucun vide à remplir.

Quant à ceux qui allèguent [4] les plaisirs honteux, on pourra leur répondre que ce ne sont pas là des plaisirs. Car, de ce qu'ils sont agréables pour des hommes corrompus, ce

---

2. Aristote dit formellement au Ier livre (ch. VIII) que le plaisir appartient à l'âme, et non au corps.

3. Bien que la douleur ne soit pas cette coupure à laquelle elle succède.

4. Contre la doctrine d'Eudoxe.

διακειμένοις ἡδέα ἐστίν, οἰητέον αὐτὰ καὶ ἡδέα εἶναι πλὴν τούτοις, καθάπερ οὐδὲ τὰ τοῖς κάμνουσιν ὑγιεινὰ ἢ γλυκέα ἢ
πικρά¹, οὐδὲ αὖ λευκὰ τὰ φαινόμενα τοῖς ὀφθαλμιῶσιν. Ἢ
οὕτω λέγοιτ' ἄν, ὅτι αἱ μὲν ἡδοναὶ αἱρεταί εἰσιν, οὐ μὴν ἀπό
γε τούτων, ὥσπερ καὶ τὸ πλουτεῖν, προδόντι δ' οὔ, καὶ τὸ
ὑγιαίνειν, οὐ μὴν ὁτιοῦν φαγόντι. Ἢ τῷ εἴδει διαφέρουσιν αἱ
ἡδοναί. Ἕτεραι γὰρ αἱ ἀπὸ τῶν καλῶν τῶν ἀπὸ τῶν αἰσχρῶν,
καὶ οὐκ ἔστιν ἡσθῆναι τὴν τοῦ δικαίου μὴ ὄντα δίκαιον οὐδὲ
τὴν τοῦ μουσικοῦ μὴ ὄντα μουσικόν, ὁμοίως δὲ καὶ ἐπὶ τῶν
ἄλλων.

Ἐμφανίζειν δὲ δοκεῖ καὶ ὁ φίλος, ἕτερος ὢν τοῦ κόλακος,
οὐκ οὖσαν ἀγαθὸν τὴν ἡδονὴν ἢ διαφόρους εἴδει· ὁ μὲν γὰρ
πρὸς τἀγαθὸν ὁμιλεῖν δοκεῖ, ὁ δὲ πρὸς ἡδονήν, καὶ τῷ μὲν
ὀνειδίζεται, τὸν δ' ἐπαινοῦσιν ὡς πρὸς ἕτερα ὁμιλοῦντα. Οὐδείς τ' ἂν ἕλοιτο ζῆν παιδίου διάνοιαν ἔχων διὰ βίου, ἡδόμενος
ἐφ' οἷς τὰ παιδία ὡς οἷόν τε μάλιστα, οὐδὲ χαίρειν ποιῶν τι
τῶν αἰσχίστων, μηδέποτε μέλλων λυπηθῆναι. Περὶ πολλά
τε σπουδὴν ποιησαίμεθ' ἂν καὶ εἰ μηδεμίαν ἐπιφέροι ἡδονήν,
οἷον ὁρᾶν, μνημονεύειν, εἰδέναι, τὰς ἀρετὰς ἔχειν. Εἰ δ' ἐξ
ἀνάγκης ἕπονται τούτοις ἡδοναί, οὐδὲν διαφέρει· ἑλοίμεθα
γὰρ ἂν ταῦτα καὶ εἰ μὴ γίνοιτο ἀπ' αὐτῶν ἡδονή. [Ὅτι μὲν
οὖν οὔτε τἀγαθὸν ἡ ἡδονὴ οὔτε πᾶσα αἱρετή, δῆλον ἔοικεν
εἶναι, καὶ ὅτι εἰσίν τινες αἱρεταὶ καθ' αὑτὰς διαφέρουσαι τῷ
εἴδει ἢ ἀφ' ὧν².] Τὰ μὲν οὖν λεγόμενα περὶ τῆς ἡδονῆς καὶ
λύπης ἱκανῶς εἰρήσθω.

---

1. Et qui ne sont pas en réalité....
2. Il semble faux, et surtout contraire aux idées mêmes
d'Aristote, qu'on puisse *préférer* une chose désagréable à une
autre qui ne l'est pas. Mais ce qu'Aristote veut dire, c'est que
le plaisir, alors même que nous ne pouvons le négliger, vient

n'est pas à dire qu'ils soient vraiment des plaisirs pour d'autres que pour eux : il en est ici comme des aliments qui paraissent[1] sains, doux ou amers à des malades, ou des couleurs qui paraissent blanches à ceux qui ont une maladie d'yeux. On pourrait encore répondre que les plaisirs sont désirables en eux-mêmes, et qu'ils cessent seulement de l'être quand ils viennent des actions honteuses, de même qu'on désirera la richesse, mais non celle qui serait due à la trahison, ou la santé, mais non pas à condition de manger n'importe quel mets. Ou bien, enfin, on peut dire qu'il y a plusieurs sortes de plaisirs. Ceux qui proviennent d'actions honnêtes ne ressemblent pas à ceux qui viennent d'actes honteux, et il n'est point accordé à l'homme injuste de goûter les plaisirs du juste, de même que les charmes de la musique n'existent pas pour qui n'est pas musicien, et ainsi du reste.

La différence qui existe entre l'ami et le flatteur paraît bien prouver que le plaisir n'est pas un bien, ou du moins qu'il faut distinguer entre les différentes espèces de plaisirs. Car, de ces deux hommes, l'un nous cultive pour le bien, l'autre pour son propre plaisir, et l'on désapprouve le premier, tandis qu'on loue le second, parce qu'ils recherchent l'amitié d'autrui dans des intentions tout à fait différentes. Qui accepterait même de n'avoir toute sa vie que la raison d'un enfant, en jouissant des plaisirs que les enfants préfèrent ? Et qui voudrait trouver son plaisir dans les actions mauvaises, lors même qu'il ne dût en résulter pour lui aucune peine ? En revanche, il est des actes qui nous retiendraient encore, quoiqu'ils ne dussent nous causer aucun plaisir : ainsi, voir, entendre, se souvenir, connaître, posséder quelques vertus ; on dira que ces actes sont néanmoins suivis d'un certain plaisir. Mais peu importe : car, même sans plaisir, nous les préférerons encore. Il paraît donc évident que le plaisir n'est ni le bien ni la vertu, et qu'il est certains plaisirs qui, tout en étant désirables, diffèrent cependant les uns des autres ou par leur nature propre ou par la source d'où ils sortent[2]. Mais nous en avons assez dit sur le plaisir et sur la douleur.

---

cependant d'une source plus haute : il ne vaut que par l'action dont il provient, et qu'ensuite il rend plus facile. Il est certain,

Chapitre IV. — *Théorie du plaisir.*

Τί δ' ἐστὶν ἢ ποῖόν τι, καταφανέστερον γένοιτ' ἂν ἀπ' ἀρχῆς ἀναλαβοῦσιν. Δοκεῖ γὰρ ἡ μὲν ὅρασις καθ' ὁντινοῦν χρόνον τελεία εἶναι¹ (οὐ γάρ ἐστιν ἐνδεὴς οὐδενὸς ὃ εἰς ὕστερον γενόμενον τελειώσει αὐτῆς τὸ εἶδος)· τοιούτῳ δ' ἔοικεν καὶ ἡ ἡδονή. Ὅλον γάρ τι ἐστίν, καὶ κατ' οὐδένα χρόνον λάβοι τις ἂν ἡδονὴν ἧς ἐπὶ πλείω χρόνον γινομένης τελειωθήσεται τὸ εἶδος². Διόπερ οὐδὲ κίνησις ἐστίν. Ἐν χρόνῳ γὰρ πᾶσα κίνησις καὶ τέλους τινός, οἷον ἡ οἰκοδομικὴ τελεία ὅταν ποιήσῃ οὗ ἐφίεται, ἢ ἐν ἅπαντι δὴ τῷ χρόνῳ ἢ τούτῳ· ἐν δὲ τοῖς μέρεσι τοῦ χρόνου πᾶσαι ἀτελεῖς, καὶ ἕτεραι τῷ εἴδει τῆς ὅλης καὶ ἀλλήλων. Ἡ γὰρ τῶν λίθων σύνθεσις ἑτέρα τῆς τοῦ κίονος ῥαβδώσεως, καὶ αὗται τῆς τοῦ ναοῦ ποιήσεως· καὶ ἡ μὲν τοῦ ναοῦ τελεία (οὐδενὸς γὰρ ἐνδεὴς πρὸς τὸ προκείμενον), ἡ δὲ τῆς κρηπῖδος καὶ τοῦ τριγλύφου ἀτελής (μέρους γὰρ ἑκατέρα).

Τῷ εἴδει οὖν διαφέρουσιν, καὶ οὐκ ἔστιν ἐν ὁτῳοῦν χρόνῳ λαβεῖν κίνησιν τελείαν τῷ εἴδει, ἀλλ' εἴπερ, ἐν τῷ ἅπαντι.

---

d'autre part, qu'il est des actes tellement réclamés par notre nature que nous désirons les accomplir, alors même qu'ils seraient désagréables. Bien que cette séparation de l'acte naturel et du plaisir soit toute fortuite et exceptionnelle, elle suffit cependant à prouver que nous ne devons placer le plaisir qu'après l'acte, conforme à la nature, dont il est, comme dit Aristote, « la fleur ».

1. Aristote pense, en d'autres termes, que la sensation visuelle est un acte simple indivisible, immédiatement achevé et

Chapitre IV. — *Théorie du plaisir.*

Mais nous verrons mieux quelle est l'essence, et quel est le caractère distinctif du plaisir, en reprenant la question dans son principe. En effet, la vision, en quelque moment qu'elle s'accomplisse, paraît bien être un acte parfait[1] (car il ne semble pas qu'elle ait besoin de rien qui vienne après coup achever le mode de sensation qu'elle procure). Ainsi est le plaisir : il est toujours quelque chose de complet ; et jamais on ne saurait ressentir un plaisir dont une plus longue durée viendrait achever l'essence et la nature[2]. C'est pourquoi le plaisir n'est pas un mouvement. Tout mouvement, en effet, se passe dans le temps et tend à un but : ainsi la construction d'un édifice, lorsqu'on a achevé ce qu'on voulait faire, ou bien quand on le considère dans son ensemble. Mais dans les diverses fractions du temps, les mouvements de construction exécutés sont tous imparfaits : car chacun diffère à la fois du mouvement total et des autres mouvements partiels. Par exemple, la pose des pierres est un travail distinct de celui qui fait les cannelures des colonnes ; et l'un et l'autre sont distincts de la construction de l'ensemble du temple. La construction totale est quelque chose d'achevé, puisqu'il n'est plus besoin de rien pour le but qu'on se proposait. Les travaux des fondations et ceux des triglyphes sont, au contraire, imparfaits, puisque chacun de leurs mouvements n'est relatif qu'à une partie de la construction.

Ces derniers mouvements sont donc d'espèces différentes, et il est impossible de trouver un mouvement qui soit parfait dans son essence à un moment quelconque de sa durée ; à moins qu'on ne prenne le mouvement total, considéré

---

complet ; c'est ce que contestent M. Taine et les physiologistes contemporains.

2. Une bonne odeur, un son agréable, etc..., sont tels immédiatement ; et le temps ne fait rien à leur nature... C'est là une assertion qui pourrait être contredite, s'il est vrai que toute sensation est le résultat d'un rapport et d'un rapport entre deux termes dont aucun n'a rien d'invariable et d'absolu.

Ὁμοίως δὲ καὶ ἐπὶ βαδίσεως καὶ τῶν λοιπῶν. Εἰ γάρ ἐστιν ἡ φορὰ κίνησις πόθεν ποῖ, καὶ ταύτης διαφοραὶ[1] κατ' εἴδη, πτῆσις, βάδισις, ἅλσις καὶ τὰ τοιαῦτα· οὐ μόνον δ' οὕτως, ἀλλὰ καὶ ἐν αὐτῇ τῇ βαδίσει. Τὸ γὰρ πόθεν ποῖ[2] οὐ ταὐτὸν ἐν τῷ σταδίῳ καὶ ἐν τῷ μέρει, καὶ ἐν ἑτέρῳ μέρει καὶ ἑτέρῳ, οὐδὲ τὸ διεξιέναι τὴν γραμμὴν[3] τήνδε κἀκείνην. Οὐ μόνον γὰρ γραμμὴν διαπορεύεται, ἀλλὰ καὶ ἐν τόπῳ οὖσαν, ἐν ἑτέρῳ δ' αὕτη ἐκείνης. Δι' ἀκριβείας μὲν οὖν περὶ κινήσεως ἐν ἄλλοις εἴρηται[4], ἔοικεν δ' οὐδ' ἐν ἅπαντι χρόνῳ τελεία εἶναι, ἀλλ' αἱ πολλαὶ ἀτελεῖς καὶ διαφέρουσαι τῷ εἴδει, εἴπερ τὸ πόθεν ποῖ εἰδοποιόν.

Τῆς ἡδονῆς δ' ἐν ὁτῳοῦν χρόνῳ τέλειον τὸ εἶδος. Δῆλον οὖν ὡς ἕτεραί τ' ἂν εἶεν ἀλλήλων, καὶ τῶν ὅλων τι καὶ τελείων ἡ ἡδονή. Δόξειε δ' ἂν τοῦτο καὶ ἐκ τοῦ μὴ ἐνδέχεσθαι κινεῖσθαι μὴ ἐν χρόνῳ, ἥδεσθαι δέ· τὸ γὰρ ἐν τῷ νῦν ὅλον τι. Ἐκ τούτων δὲ δῆλον καὶ ὅτι οὐ καλῶς λέγουσιν κίνησιν ἢ γένεσιν εἶναι τῆς ἡδονῆς. Οὐ γὰρ πάντων ταῦτα λέγεται, ἀλλὰ τῶν μεριστῶν καὶ μὴ ὅλων· οὐδὲ γὰρ ὁράσεως ἔστι γένεσις οὐδὲ στιγμῆς οὐδὲ μονάδος, οὐδὲ τούτων οὐθὲν κίνησις οὐδὲ γένεσις· οὐδὲ δὴ ἡδονῆς· ὅλον γάρ τι[5].

Αἰσθήσεως δὲ πάσης πρὸς τὸ αἰσθητὸν ἐνεργούσης, τελείως δὲ τῆς εὖ διακειμένης πρὸς τὸ κάλλιστον τῶν ὑπὸ τὴν

---

1. Par exemple des mouvements de transformation, augmentation, diminution.
2. Autrement dit, la direction.
3. Les deux lignes du stade.

dans son ensemble. Nous en dirons autant de la marche et des autres mouvements. En effet, si le mouvement de translation est un mouvement différent des autres[1], ce mouvement, à son tour, a des espèces différentes, comme le vol, la marche, le saut, et quelques autres encore. Puis, ce que nous disons ainsi en général, nous pouvons le dire de la marche en particulier. Ni le point de départ ni le terme[2] ne sont les mêmes pour la course dans le stade entier et pour l'une ou l'autre de ses parties; et le mouvement n'est pas le même pour les deux lignes[3] : car non seulement on parcourt telle ligne, mais on la parcourt dans tel lieu où elle n'est plus la même que dans tel autre. Mais nous avons traité de cette question du mouvement avec soin dans d'autres ouvrages[4]. En résumé, le mouvement n'est point parfait dans un temps quelconque, et la plupart des mouvements sont imparfaits et d'espèces différentes, s'il est vrai que les différences de direction suffisent à constituer des espèces différentes de mouvements.

L'essence du plaisir est, au contraire, achevée dans quelque portion du temps que ce soit. Il est donc évident que le plaisir et le mouvement sont choses différentes l'une de l'autre, et que le plaisir est de celles qui sont (toujours) entières et parfaites. On peut encore le prouver en montrant qu'aucun mouvement ne se présente à nous hors du temps, comme le fait le plaisir, qui est entier dans un instant (indivisible). Il suit de tout cela que l'on a tort de parler de la génération ou du mouvement dans le plaisir. Car cela ne saurait se dire que des choses qui, (toujours) divisibles, ne composent point de tout. Il n'y a génération ni de la vue, ni du point, ni de l'unité; aucune de ces choses n'est ni mouvement ni génération : il faut en dire autant du plaisir, qui est surtout indivisible[5].

Tout sens entre en acte en présence d'un objet senti, et un acte est parfait quand le sens bien disposé se trouve en

---

4. *Physique*, IV et V, et *Catégories*, XIV.
5. En effet, ce qui n'a point de parties, ce qui, à chaque instant, est tout entier tout ce qu'il est, ne saurait croître, changer, devenir.

αἴσθησιν (τοιοῦτον γὰρ μάλιστ' εἶναι δοκεῖ ἡ τελεία ἐνέργεια· αὐτὴν δὲ λέγειν ἐνεργεῖν, ἢ ἐν ᾧ ἐστίν, μηθὲν διαφερέτω), καθ' ἕκαστον δὲ βελτίστη ἐστὶν ἡ ἐνέργεια τοῦ ἄριστα διακειμένου πρὸς τὸ κράτιστον τῶν ὑφ' αὐτήν· αὕτη δ' ἂν τελειοτάτη εἴη καὶ ἡδίστη. Κατὰ πᾶσαν γὰρ αἴσθησίν ἐστιν ἡδονή, ὁμοίως δὲ καὶ διάνοιαν καὶ θεωρίαν, ἡδίστη δ' ἡ τελειοτάτη, τελειοτάτη δὲ ἡ τοῦ εὖ ἔχοντος πρὸς τὸ σπουδαιότατον τῶν ὑφ' αὐτήν. Τελειοῖ δὲ τὴν ἐνέργειαν ἡ ἡδονή. Οὐ τὸν αὐτὸν δὲ τρόπον ἥ τε ἡδονὴ τελειοῖ καὶ τὸ αἰσθητόν τε καὶ ἡ αἴσθησις[1], σπουδαῖα ὄντα, ὥσπερ οὐδ' ἡ ὑγίεια καὶ ὁ ἰατρὸς ὁμοίως αἰτιά ἐστι τοῦ ὑγιαίνειν.

[Καθ' ἑκάστην δ' αἴσθησιν ὅτι γίνεται ἡδονή, δῆλον· φαμὲν γὰρ ὁράματα καὶ ἀκούσματα εἶναι ἡδέα. Δῆλον δὲ καὶ ὅτι μάλιστα, ἐπειδὰν ἥ τε αἴσθησις ᾖ κρατίστη καὶ πρὸς τοιοῦτον ἐνεργῇ· τοιούτων δ' ὄντων τοῦ τε αἰσθητοῦ καὶ τοῦ αἰσθανομένου, ἀεὶ ἔσται ἡδονὴ ὑπάρχοντός γε τοῦ ποιήσοντος καὶ τοῦ πεισομένου.]

Τελειοῖ δὲ τὴν ἐνέργειαν ἡ ἡδονὴ οὐχ ὡς ἕξις ἐνυπάρχουσα, ἀλλ' ὡς ἐπιγινόμενόν τι τέλος, οἷον τοῖς ἀκμαίοις ἡ ὥρα[2]· ἕως ἂν οὖν τό τε νοητὸν ἢ αἰσθητὸν ᾖ οἷον δεῖ καὶ τὸ κρῖνον ἢ θεωροῦν, ἔσται ἐν τῇ ἐνεργείᾳ ἡ ἡδονή· ὁμοίων γὰρ ὄντων καὶ πρὸς ἄλληλα τὸν αὐτὸν τρόπον ἐχόντων τοῦ τε παθητικοῦ καὶ τοῦ ποιητικοῦ ταὐτὸ πέφυκε γίνεσθαι.

Πῶς οὖν οὐδεὶς συνεχῶς ἥδεται; ἢ κάμνει; πάντα γὰρ

---

1. L'un est la cause extérieure et efficiente; l'autre est l'acte même qui réalise en quelque sorte cet état et lui donne sa forme propre. Ainsi la sensation et l'objet senti sont des causes

présence du plus beau des objets capables de l'affecter (car c'est là surtout ce qui paraît constituer la perfection de l'acte, qu'on l'attribue au sens lui-même ou à l'être dans lequel il se trouve). Donc, en chaque genre, l'acte le meilleur est celui de l'être le mieux disposé à l'égard de la plus excellente des choses qui le font agir : et cet acte qui est le plus parfait sera en même temps le plus agréable. Tout sens, en effet, a son plaisir, comme tout exercice de la pensée et de la raison a le sien. L'action la plus agréable est donc la plus parfaite; et le plaisir le plus parfait est celui qu'éprouve l'être qui est bien disposé par rapport à l'objet le mieux approprié à sa nature. Le plaisir achève l'acte. Mais l'objet sensible et la sensation[1] qui sont dans les conditions voulues ne complètent pas l'action de la même manière que le plaisir : tout comme la santé et le médecin ne sont pas cause de l'état de santé de la même manière l'un que l'autre.

[Mais il est évident que toute sensation peut nous donner du plaisir : car nous trouvons agréables certaines sensations de la vue ou de l'ouïe. Il est encore évident que le plaisir sera d'autant plus grand que la sensation sera plus parfaite, et qu'elle aura été due à un objet tel que nous l'avons dit. Donc, tant que l'objet senti et l'être sentant seront dans les mêmes conditions, il y aura toujours du plaisir, puisqu'il y aura tout à la fois ce qui doit le produire et ce qui doit l'éprouver.]

Toutefois, si le plaisir achève l'acte, ce n'est pas comme une manière d'être inhérente à la nature même de l'acte; c'est une sorte de fin qui s'y ajoute, ainsi que la beauté qui fleurit dans la jeunesse[2]. Aussi longtemps donc que l'objet intelligible ou sensible et que la faculté de juger ou de contempler seront ce qu'elles doivent être, il y aura du plaisir lié à l'acte. Car si nous supposons semblables et semblablement disposés l'un à l'égard de l'autre l'être qui doit éprouver et l'être qui doit causer la sensation, les mêmes effets doivent naturellement se produire.

Comment donc se fait-il que le plaisir n'est continu pour

---

extérieures ou des conditions de l'acte agréable; le plaisir est cet acte même.

2. Et qui s'en distingue tout en en étant inséparable.

τὰ ἀνθρώπεια ἀδυνατεῖ συνεχῶς ἐνεργεῖν. Οὐ γίνεται οὖν οὐδ' ἡδονή· ἕπεται γὰρ τῇ ἐνεργείᾳ. Ἔνια δὲ τέρπει καινὰ ὄντα, ὕστερον δὲ οὐχ ὁμοίως διὰ ταὐτό· τὸ μὲν γὰρ πρῶτον παρακέκληται ἡ διάνοια καὶ διατεταμένως περὶ αὐτὰ ἐνεργεῖ, ὥσπερ κατὰ τὴν ὄψιν οἱ ἐμβλέποντες, μετέπειτα δὲ οὐ τοιαύτη ἡ ἐνέργεια ἀλλὰ παρημελημένη· διὸ καὶ ἡ ἡδονὴ ἀμαυροῦται.

Ὀρέγεσθαι δὲ τῆς ἡδονῆς οἰηθείη τις ἂν ἅπαντας, ὅτι καὶ τοῦ ζῆν ἅπαντες ἐφίενται· ἡ δὲ ζωὴ ἐνέργειά τις ἐστίν, καὶ ἕκαστος περὶ ταῦτα καὶ τούτοις ἐνεργεῖ ἃ καὶ μάλιστ' ἀγαπᾷ, οἷον ὁ μὲν μουσικὸς τῇ ἀκοῇ περὶ τὰ μέλη, ὁ δὲ φιλομαθὴς τῇ διανοίᾳ περὶ τὰ θεωρήματα, οὕτω δὲ καὶ τῶν λοιπῶν ἕκαστος. Ἡ δ' ἡδονὴ τελειοῖ τὰς ἐνεργείας, καὶ τὸ ζῆν δή, οὗ ὀρέγονται. Εὐλόγως οὖν καὶ τῆς ἡδονῆς ἐφίενται· τελειοῖ γὰρ ἑκάστῳ τὸ ζῆν, αἱρετὸν ὄν. Πότερον δὲ διὰ τὴν ἡδονὴν τὸ ζῆν αἱρούμεθα ἢ διὰ τὸ ζῆν τὴν ἡδονήν, ἀφείσθω ἐν τῷ παρόντι. Συνεζεῦχθαι μὲν γὰρ ταῦτα φαίνεται καὶ χωρισμὸν οὐ δέχεσθαι· ἄνευ τε γὰρ ἐνεργείας οὐ γίνεται ἡδονή, πᾶσάν τε ἐνέργειαν τελειοῖ ἡ ἡδονή.

CHAPITRE V. — *Des différentes espèces de plaisir.*

Ὅθεν δοκοῦσιν καὶ τῷ εἴδει διαφέρειν. Τὰ γὰρ ἕτερα τῷ εἴδει ὑφ' ἑτέρων οἰόμεθα τελειοῦσθαι. Οὕτω γὰρ φαίνεται καὶ τὰ φυσικὰ καὶ τὰ ὑπὸ τέχνης, οἷον ζῷα καὶ δένδρα καὶ γραφὴ καὶ ἀγάλματα καὶ οἰκία καὶ σκεῦος. Ὁμοίως δὲ καὶ τὰς ἐνεργείας τὰς διαφερούσας τῷ εἴδει ὑπὸ διαφερόντων εἴδει τελειοῦσθαι. Διαφέρουσιν δ' αἱ τῆς διανοίας τῶν κατὰ τὰς αἰσθήσεις καὶ αὐταὶ ἀλλήλων κατ' εἶδος· καὶ αἱ τελειοῦσαι δὴ ἡδοναί.

Φανείη δ' ἂν τοῦτο καὶ ἐκ τοῦ συνῳκειῶσθαι τῶν ἡδονῶν

personne? Serait-ce que l'on se fatigue? Car dans la nature humaine il n'est rien qui soit capable d'une action continue. Le plaisir non plus ne peut donc pas se produire sans interruption, puisque le plaisir suit l'acte. Certaines choses nous plaisent étant nouvelles; et plus tard elles ne nous plaisent plus autant par la même raison. Car d'abord l'esprit excité s'y applique et y met toute son action, comme fait la vue chez ceux qui regardent; mais ensuite l'action n'est plus la même : elle se relâche. C'est là ce qui fait que le plaisir s'émousse.

On pourrait penser que tous les hommes cherchent le plaisir, parce que tous aiment la vie. La vie n'est-elle pas un acte? Et chacun ne donne-t-il pas plus d'action aux choses qu'il aime le mieux? témoin le musicien avec ses airs et ses mélodies, l'homme de science avec ses études, et ainsi des autres. Mais le plaisir rend les actes parfaits : il rend donc aussi plus parfaite la vie, que tous désirent. Ainsi, les hommes ont raison de vouloir du plaisir, puisque le plaisir complète la vie, qui est une chose désirable. Mais dirons-nous que c'est pour le plaisir que nous aimons la vie, ou pour la vie que nous aimons le plaisir? Laissons pour le moment cette question. Il est évident que les deux choses sont unies entre elles et ne se laissent point séparer : car point de plaisir sans acte, et point d'acte parfait sans plaisir.

CHAPITRE V. — *Des différentes espèces de plaisir.*

Ce qui précède explique la diversité des plaisirs : car nous croyons que tout ce qui diffère suppose des moyens différents. Ainsi ce sont des causes différentes qui achèvent la perfection des objets naturels et de ceux qui sont produits par l'art, comme les êtres animés, les arbres, les tableaux, les palais, les meubles; de même les diverses opérations de l'esprit ne paraissent pouvoir être accomplies que par des puissances d'espèce différente. Or, les actes de la pensée diffèrent de ceux des sens, et les uns et les autres ont encore entre eux des différences. On doit donc en trouver aussi dans les plaisirs qui les rendent parfaits.

La preuve est dans la liaison intime de chaque plaisir avec

ἑκάστην τῇ ἐνεργείᾳ ἣν τελειοῖ. Συναύξει γὰρ τὴν ἐνέργειαν ἡ οἰκεία ἡδονή. Μᾶλλον γὰρ ἕκαστα κρίνουσιν καὶ ἐξακριβοῦσιν οἱ μεθ' ἡδονῆς ἐνεργοῦντες, οἷον γεωμετρικοὶ γίνονται οἱ χαίροντες τῷ γεωμετρεῖν, καὶ κατανοοῦσιν ἕκαστα μᾶλλον· ὁμοίως δὲ καὶ οἱ φιλόμουσοι καὶ φιλοικοδόμοι καὶ τῶν ἄλλων ἕκαστοι ἐπιδιδόασιν εἰς τὸ οἰκεῖον ἔργον χαίροντες αὐτῷ. Συναύξουσιν δὴ αἱ ἡδοναί, τὰ δὲ συναύξοντα οἰκεῖα. Τοῖς ἑτέροις δὲ τῷ εἴδει καὶ τὰ οἰκεῖα ἕτερα τῷ εἴδει. Ἔτι δὲ μᾶλλον τοῦτ' ἂν φανείη ἐκ τοῦ τὰς ἀφ' ἑτέρων ἡδονὰς ἐμποδίους ταῖς ἐνεργείαις εἶναι· οἱ γὰρ φίλαυλοι ἀδυνατοῦσιν τοῖς λόγοις προσέχειν, ἐὰν κατακούσωσιν αὐλοῦντος, μᾶλλον χαίροντες αὐλητικῇ τῆς παρούσης ἐνεργείας· ἡ κατὰ τὴν αὐλητικὴν οὖν ἡδονὴ τὴν περὶ τὸν λόγον ἐνέργειαν φθείρει.

Ὁμοίως δὲ τοῦτο καὶ ἐπὶ τῶν ἄλλων συμβαίνει, ὅταν ἅμα περὶ δύο ἐνεργῇ· ἡ γὰρ ἡδίων τὴν ἑτέραν ἐκκρούει, κἂν πολὺ διαφέρῃ κατὰ τὴν ἡδονήν, μᾶλλον, ὥστε μηδ' ἐνεργεῖν κατὰ τὴν ἑτέραν. Διὸ χαίροντες ὁτῳοῦν σφόδρα οὐ πάνυ δρῶμεν ἕτερον, καὶ ἄλλα ποιοῦμεν ἄλλοις ἠρέμα ἀρεσκόμενοι, οἷον καὶ ἐν τοῖς θεάτροις οἱ τραγηματίζοντες, ὅταν φαῦλοι οἱ ἀγωνιζόμενοι ὦσιν, τότε μάλιστ' αὐτὸ δρῶσιν. Ἐπεὶ δ' ἡ μὲν οἰκεία ἡδονὴ ἐξακριβοῖ τὰς ἐνεργείας καὶ χρονιωτέρας καὶ βελτίους ποιεῖ, αἱ δ' ἀλλότριαι λυμαίνονται, δῆλον ὡς πολὺ διεστᾶσιν· σχεδὸν γὰρ αἱ ἀλλότριαι ἡδοναὶ ποιοῦσιν ὅπερ αἱ οἰκεῖαι λῦπαι· φθείρουσι γὰρ τὰς ἐνεργείας αἱ οἰκεῖαι λῦπαι, οἷον εἴ τῳ τὸ γράφειν ἀηδὲς καὶ ἐπίλυπον ἢ τὸ λογίζεσθαι· ὁ μὲν γὰρ οὐ γράφει, ὁ δ' οὐ λογίζεται, λυπηρᾶς οὔσης τῆς ἐνεργείας.

Συμβαίνει δὴ περὶ τὰς ἐνεργείας τὸ ἐναντίον ἀπὸ τῶν οἰκείων ἡδονῶν τε καὶ λυπῶν· οἰκεῖαι δ' εἰσὶν αἱ ἐπὶ τῇ ἐνερ-

présence du plus beau des objets capables de l'affecter (car c'est là surtout ce qui paraît constituer la perfection de l'acte, qu'on l'attribue au sens lui-même ou à l'être dans lequel il se trouve). Donc, en chaque genre, l'acte le meilleur est celui de l'être le mieux disposé à l'égard de la plus excellente des choses qui le font agir : et cet acte qui est le plus parfait sera en même temps le plus agréable. Tout sens, en effet, a son plaisir, comme tout exercice de la pensée et de la raison a le sien. L'action la plus agréable est donc la plus parfaite ; et le plaisir le plus parfait est celui qu'éprouve l'être qui est bien disposé par rapport à l'objet le mieux approprié à sa nature. Le plaisir achève l'acte. Mais l'objet sensible et la sensation[1] qui sont dans les conditions voulues ne complètent pas l'action de la même manière que le plaisir : tout comme la santé et le médecin ne sont pas cause de l'état de santé de la même manière l'un que l'autre.

[Mais il est évident que toute sensation peut nous donner du plaisir : car nous trouvons agréables certaines sensations de la vue ou de l'ouïe. Il est encore évident que le plaisir sera d'autant plus grand que la sensation sera plus parfaite, et qu'elle aura été due à un objet tel que nous l'avons dit. Donc, tant que l'objet senti et l'être sentant seront dans les mêmes conditions, il y aura toujours du plaisir, puisqu'il y aura tout à la fois ce qui doit le produire et ce qui doit l'éprouver.]

Toutefois, si le plaisir achève l'acte, ce n'est pas comme une manière d'être inhérente à la nature même de l'acte ; c'est une sorte de fin qui s'y ajoute, ainsi que la beauté qui fleurit dans la jeunesse[2]. Aussi longtemps donc que l'objet intelligible ou sensible et que la faculté de juger ou de contempler seront ce qu'elles doivent être, il y aura du plaisir lié à l'acte. Car si nous supposons semblables et semblablement disposés l'un à l'égard de l'autre l'être qui doit éprouver et l'être qui doit causer la sensation, les mêmes effets doivent naturellement se produire.

Comment donc se fait-il que le plaisir n'est continu pour

---

extérieures ou des conditions de l'acte agréable ; le plaisir est cet acte même.

2. Et qui s'en distingue tout en en étant inséparable.

τὰ ἀνθρώπεια ἀδυνατεῖ συνεχῶς ἐνεργεῖν. Οὐ γίνεται οὖν οὐδ' ἡδονή· ἕπεται γὰρ τῇ ἐνεργείᾳ. Ἔνια δὲ τέρπει καινὰ ὄντα, ὕστερον δὲ οὐχ ὁμοίως διὰ ταὐτό· τὸ μὲν γὰρ πρῶτον παρακέκληται ἡ διάνοια καὶ διατεταμένως περὶ αὐτὰ ἐνεργεῖ, ὥσπερ κατὰ τὴν ὄψιν οἱ ἐμβλέποντες, μετέπειτα δὲ οὐ τοιαύτη ἡ ἐνέργεια ἀλλὰ παρημελημένη· διὸ καὶ ἡ ἡδονὴ ἀμαυροῦται.

Ὀρέγεσθαι δὲ τῆς ἡδονῆς οἰηθείη τις ἂν ἅπαντας, ὅτι καὶ τοῦ ζῆν ἅπαντες ἐφίενται· ἡ δὲ ζωὴ ἐνέργειά τις ἐστίν, καὶ ἕκαστος περὶ ταῦτα καὶ τούτοις ἐνεργεῖ ἃ καὶ μάλιστ' ἀγαπᾷ, οἷον ὁ μὲν μουσικὸς τῇ ἀκοῇ περὶ τὰ μέλη, ὁ δὲ φιλομαθὴς τῇ διανοίᾳ περὶ τὰ θεωρήματα, οὕτω δὲ καὶ τῶν λοιπῶν ἕκαστος. Ἡ δ' ἡδονὴ τελειοῖ τὰς ἐνεργείας, καὶ τὸ ζῆν δή, οὗ ὀρέγονται. Εὐλόγως οὖν καὶ τῆς ἡδονῆς ἐφίενται· τελειοῖ γὰρ ἑκάστῳ τὸ ζῆν, αἱρετὸν ὄν. Πότερον δὲ διὰ τὴν ἡδονὴν τὸ ζῆν αἱρούμεθα ἢ διὰ τὸ ζῆν τὴν ἡδονήν, ἀφείσθω ἐν τῷ παρόντι. Συνεζεῦχθαι μὲν γὰρ ταῦτα φαίνεται καὶ χωρισμὸν οὐ δέχεσθαι· ἄνευ τε γὰρ ἐνεργείας οὐ γίνεται ἡδονή, πᾶσάν τε ἐνέργειαν τελειοῖ ἡ ἡδονή.

CHAPITRE V. — *Des différentes espèces de plaisir.*

Ὅθεν δοκοῦσιν καὶ τῷ εἴδει διαφέρειν. Τὰ γὰρ ἕτερα τῷ εἴδει ὑφ' ἑτέρων οἰόμεθα τελειοῦσθαι. Οὕτω γὰρ φαίνεται καὶ τὰ φυσικὰ καὶ τὰ ὑπὸ τέχνης, οἷον ζῷα καὶ δένδρα καὶ γραφὴ καὶ ἀγάλματα καὶ οἰκία καὶ σκεῦος. Ὁμοίως δὲ καὶ τὰς ἐνεργείας τὰς διαφερούσας τῷ εἴδει ὑπὸ διαφερόντων εἴδει τελειοῦσθαι. Διαφέρουσιν δ' αἱ τῆς διανοίας τῶν κατὰ τὰς αἰσθήσεις καὶ αὗται ἀλλήλων κατ' εἶδος· καὶ αἱ τελειοῦσαι δὴ ἡδοναί.

Φανείη δ' ἂν τοῦτο καὶ ἐκ τοῦ συνῳκειῶσθαι τῶν ἡδονῶν

l'acte qu'il complète. Car tout plaisir augmente l'énergie de l'acte auquel il est spécialement attaché. On juge mieux les choses, et on les fait mieux quand on y trouve du plaisir : ainsi on devient meilleur géomètre quand on se plaît à la géométrie, car on saisit mieux chaque vérité. Le cas est le même pour les musiciens, pour les architectes et tous les autres artistes : chacun s'applique avec plus de succès à son œuvre propre, parce qu'il y trouve plus de plaisir. Les plaisirs et les actes auxquels ils sont propres augmentent donc ensemble. Aux plaisirs différents correspondent des actes différents. C'est ce qui paraît plus évident encore si l'on considère que toute action est empêchée par les plaisirs qui proviennent d'activités différentes. Ainsi, les amateurs de flûte ne peuvent prendre part à une conversation pendant qu'ils entendent jouer de la flûte : car ils trouvent plus de plaisir à cette audition qu'à ce qu'on veut actuellement leur faire faire ; par conséquent, le plaisir d'écouter la flûte détruit chez eux tout acte les ramenant à la conversation.

La même chose arrive dans toute autre circonstance, lorsqu'on veut être à deux actes en même temps. Celui des deux qui plaît le mieux à l'autre lui nuit d'autant plus qu'il est de son côté plus agréable ; il va quelquefois jusqu'à le rendre tout à fait impossible. Voilà pourquoi quand nous prenons plaisir à une chose quelconque, nous nous refusons à en faire une autre ; et quand une chose nous plaît médiocrement, nous changeons d'occupation. Ainsi font ceux qui mangent des friandises au théâtre : ils choisissent pour cela le moment où ce sont de mauvais acteurs qui entrent en scène. Puis donc qu'étant donné un acte déterminé, le plaisir correspondant le fortifie, le prolonge et le rend plus parfait, tandis que la jouissance actuelle d'un plaisir étranger l'empêche de se réaliser, il est bien évident que les plaisirs diffèrent beaucoup les uns des autres. Car l'influence de plaisirs étrangers sur un acte est à peu près la même que celle de peines propres à cet acte ; on sait combien celles-ci nuisent à l'action. Qu'un homme, par exemple, trouve pénible d'écrire, un autre de raisonner ; ils voudront également s'abstenir, celui-là d'écrire, celui-ci de raisonner...

Les plaisirs propres et les douleurs propres aux différentes espèces d'activité exercent donc sur elles des effets

γεία καθ' αὑτὴν γινόμεναι. Αἱ δ' ἀλλότριαι ἡδοναὶ εἴρηται ὅτι παραπλήσιόν τι τῇ λύπῃ ποιοῦσιν· φθείρουσι γάρ, πλὴν οὐχ ὁμοίως.

Διαφερουσῶν δὲ τῶν ἐνεργειῶν ἐπιεικείᾳ καὶ φαυλότητι, καὶ τῶν μὲν αἱρετῶν οὐσῶν, τῶν δὲ φευκτῶν, τῶν δ' οὐδετέρων, ὁμοίως ἔχουσιν καὶ αἱ ἡδοναί· καθ' ἑκάστην γὰρ ἐνέργειαν οἰκεία ἡδονή ἐστιν. Ἡ μὲν οὖν τῇ σπουδαίᾳ οἰκεία ἐπιεικής, ἡ δὲ τῇ φαύλῃ μοχθηρά· καὶ γὰρ αἱ ἐπιθυμίαι τῶν μὲν καλῶν ἐπαινεταί, τῶν δ' αἰσχρῶν ψεκταί. Οἰκειότεραι δὲ ταῖς ἐνεργείαις αἱ ἐν αὐταῖς ἡδοναὶ τῶν ὀρέξεων· αἱ μὲν γὰρ διωρισμέναι εἰσὶν καὶ τοῖς χρόνοις καὶ τῇ φύσει, αἱ δὲ σύνεγγυς ταῖς ἐνεργείαις, καὶ ἀδιόριστοι οὕτως ὥστ' ἔχειν ἀμφισβήτησιν εἰ ταὐτόν ἐστιν ἡ ἐνέργεια τῇ ἡδονῇ[1].

Οὐ μὴν ἔοικέν γε ἡ ἡδονὴ διάνοια εἶναι οὐδ' αἴσθησις (ἄτοπον γάρ), ἀλλὰ διὰ τὸ μὴ χωρίζεσθαι φαίνεταί τισι ταὐτόν. Ὥσπερ οὖν αἱ ἐνέργειαι ἕτεραι, καὶ αἱ ἡδοναί. Διαφέρει δὲ ἡ ὄψις ἁφῆς καθαριότητι, καὶ ἀκοὴ καὶ ὄσφρησις γεύσεως· ὁμοίως δὴ διαφέρουσιν καὶ αἱ ἡδοναί, καὶ τούτων αἱ περὶ τὴν διάνοιαν, καὶ ἑκάτεραι ἀλλήλων.

Δοκεῖ δ' εἶναι ἑκάστῳ ζῴῳ καὶ ἡδονὴ οἰκεία, ὥσπερ καὶ ἔργον· ἡ γὰρ κατὰ τὴν ἐνέργειαν. Καὶ ἐφ' ἑκάστῳ δὲ θεωροῦντι τοῦτ' ἂν φανείη· ἑτέρα γὰρ ἵππου ἡδονὴ καὶ κυνὸς καὶ ἀνθρώπου, καθάπερ Ἡράκλειτός φησιν ὄνον σύρματ' ἂν ἑλέσθαι μᾶλλον ἢ χρυσόν· ἥδιον γὰρ χρυσοῦ τροφὴ ὄνοις. Αἱ μὲν οὖν τῶν ἑτέρων τῷ εἴδει διαφέρουσιν εἴδει, τὰς δὲ τῶν αὐτῶν ἀδιαφόρους εὔλογον εἶναι.

---

1. Donc, à plus forte raison, les plaisirs participent de la

tout opposés ; or, il faut entendre par *propres* les plaisirs ou les peines qui s'ajoutent à l'acte pris en soi. On a vu, d'autre part, que les plaisirs étrangers produisent à peu près les mêmes effets que la peine : ils empêchent l'acte de bien s'accomplir ; mais ce n'est pas de la même façon.

Si les actions diffèrent entre elles, selon qu'elles sont bonnes ou mauvaises, s'il faut s'appliquer aux unes et éviter les autres, tandis qu'il y en a d'indifférentes, il en sera de même des plaisirs : car à chaque action est attaché un plaisir qui lui est propre. Le plaisir propre à un acte vertueux sera un acte vertueux ; le plaisir propre à un acte mauvais sera un plaisir deshonnête. On loue, en effet, les désirs qui se portent vers ce qui est beau, comme on blâme les désirs de ce qui est honteux. Or, les plaisirs qui s'attachent aux actes leur sont plus intimement unis que ne le sont les désirs : ceux-ci sont déterminés par le temps et par la nature ; ceux-là sont si près de l'acte et en sont si peu distincts qu'il est difficile de dire si l'acte et le plaisir ne sont pas une seule et même chose [1].

Il ne semble pas cependant que le plaisir soit une pensée ni une sensation (ce serait absurde), quoique certains les confondent pour les avoir trouvés inséparables. Mais les plaisirs diffèrent entre eux comme les actes. Ainsi, la vue diffère du tact : elle donne des impressions plus nettes ; et la vue et l'odorat diffèrent également du goût. Les plaisirs de ces divers sens doivent donc aussi différer entre eux : les plaisirs de la pensée diffèrent de ceux que nous venons d'énumérer, et, dans chacune de ces deux espèces, chaque plaisir particulier diffère des autres.

Il semble aussi que chaque animal ait son plaisir propre, comme il a son acte propre, puisque le plaisir suit l'acte. Chacun peut en avoir la preuve en observant : car autre est le plaisir du cheval, autre celui du chien, autre celui de l'homme. Témoin ce propos d'Héraclite, qui dit que l'âne préfère les chardons à l'or, car sa nourriture lui est plus agréable que de l'or. Les plaisirs d'êtres d'espèces différentes diffèrent donc réciproquement, et pour les êtres de même espèce les plaisirs sont les mêmes.

---

nature morale ou immorale de l'acte auquel ils sont attachés.

Διαλλάττουσι δ' οὐ σμικρὸν ἐπί γε τῶν ἀνθρώπων· τὰ γὰρ αὐτὰ τοὺς μὲν τέρπει τοὺς δὲ λυπεῖ, καὶ τοῖς μὲν λυπηρὰ καὶ μισητά ἐστι τοῖς δὲ ἡδέα καὶ φιλητά. Καὶ ἐπὶ γλυκέων δὲ τοῦτο συμβαίνει· οὐ γὰρ τὰ αὐτὰ δοκεῖ τῷ πυρέττοντι καὶ τῷ ὑγιαίνοντι, οὐδὲ θερμὸν εἶναι τῷ ἀσθενεῖ καὶ τῷ εὐεκτικῷ. Ὁμοίως δὲ τοῦτο καὶ ἐφ' ἑτέρων συμβαίνει.

Δοκεῖ δ' ἐν ἅπασι τοῖς τοιούτοις εἶναι τὸ φαινόμενον τῷ σπουδαίῳ[1]. Εἰ δὲ τοῦτο καλῶς λέγεται, καθάπερ δοκεῖ, καὶ ἔστιν ἑκάστου μέτρον ἡ ἀρετὴ καὶ ὁ ἀγαθός, ἢ τοιοῦτος, καὶ ἡδοναὶ εἶεν ἂν αἱ τούτῳ φαινόμεναι καὶ ἡδέα οἷς οὗτος χαίρει. Τὰ δὲ τούτῳ δυσχερῆ εἴ τῳ φαίνεται ἡδέα, οὐδὲν θαυμαστόν· πολλαὶ γὰρ φθοραὶ καὶ λῦμαι ἀνθρώπων γίνονται· ἡδέα δ' οὐκ ἔστιν, ἀλλὰ τούτοις καὶ τοῖς οὕτω διακειμένοις.

Τὰς μὲν οὖν ὁμολογουμένως αἰσχρὰς δῆλον ὡς οὐ φατέον ἡδονὰς εἶναι, πλὴν τοῖς διεφθαρμένοις· τῶν δ' ἐπιεικῶν εἶναι δοκουσῶν ποίαν ἢ τίνα φατέον τοῦ ἀνθρώπου εἶναι; ἢ ἐκ τῶν ἐνεργειῶν δῆλον; ταύταις γὰρ ἕπονται αἱ ἡδοναί. Εἴτ' οὖν μία ἐστὶν εἴτε πλείους αἱ τοῦ τελείου καὶ μακαρίου ἀνδρός, αἱ ταύτας τελειοῦσαι ἡδοναὶ κυρίως λέγοιντ' ἂν ἀνθρώπου ἡδοναὶ εἶναι, αἱ δὲ λοιπαὶ δευτέρως καὶ πολλοστῶς, ὥσπερ αἱ ἐνέργειαι.

---

1. Une chose saine est celle qui paraît telle à un homme

2.

Les diversités sont assez grandes chez les hommes : car chez eux les mêmes objets plaisent aux uns, déplaisent aux autres, sont odieux et haïssables pour ceux-ci, agréables et aimables pour ceux-là. La différence existe même pour les saveurs sucrées. Elles ne sont pas senties de la même manière par le malade et par l'homme sain. Une même température n'est pas également chaude pour un individu faible et pour un individu robuste, et il en est ainsi pour toutes les autres sensations.

Dans toutes ces choses, il me semble que ce qui est réellement, c'est ce qui apparaît à l'homme bien constitué[1]. Si cette proposition est exacte, comme il le semble, c'est la vertu, c'est l'homme de bien, en tant que tel, qui est la mesure de la vérité : les vrais plaisirs sont ceux qui lui semblent tels ; les choses agréables sont celles dont il jouit. Si celles qui lui déplaisent paraissent agréables à quelque autre, qu'on ne s'en étonne pas. Car il y a bien des dépravations et bien des perversions chez les hommes. Ces objets dont nous parlons ne sont pas agréables en eux-mêmes ; ils le sont seulement pour ces hommes et pour tous ceux qui leur ressemblent.

Donc, évidemment, ce qui de l'avis de tous est honteux ne saurait être plaisir que pour des hommes dépravés. Mais parmi les plaisirs qui semblent honnêtes, où est celui qu'on peut dire propre à l'homme, et quel est-il ? N'est-il pas évident que c'est d'après les actes qu'il en faut juger, puisque les plaisirs suivent les actes ? Soit donc qu'il n'y ait qu'un seul acte propre à l'homme parfait et heureux, soit qu'il y en ait plusieurs, les plaisirs capables de donner leur perfection à tels actes sont dits par excellence les plaisirs de l'homme ; et, quant aux autres, ils ne paraîtront tels que d'une manière secondaire et toute relative, ainsi que les actes eux-mêmes.

---

sain : car un malade la trouvera malsaine.

Chapitre VI. — *Théorie du bonheur.*

Εἰρημένων δὲ τῶν περὶ τὰς ἀρετάς τε καὶ φιλίας καὶ ἡδονάς, λοιπὸν περὶ εὐδαιμονίας τύπῳ διελθεῖν, ἐπειδὴ τέλος αὐτὴν τίθεμεν τῶν ἀνθρωπίνων. Ἀναλαβοῦσι δὴ τὰ προειρημένα συντομώτερος ἂν εἴη ὁ λόγος. Εἴπομεν δ' ὅτι οὐκ ἔστιν ἕξις· καὶ γὰρ τῷ καθεύδοντι διὰ βίου ὑπάρχοι ἄν, φυτῶν ζῶντι βίον, καὶ τῷ δυστυχοῦντι τὰ μέγιστα. Εἰ δὴ ταῦτα μὴ ἀρέσκει, ἀλλὰ μᾶλλον εἰς ἐνέργειάν τινα θετέον, καθάπερ ἐν τοῖς πρότερον εἴρηται, τῶν δ' ἐνεργειῶν αἱ μέν εἰσιν ἀναγκαῖαι καὶ δι' ἕτερα αἱρεταὶ αἱ δὲ καθ' αὑτάς, δῆλον ὅτι τὴν εὐδαιμονίαν τῶν καθ' αὑτὰς αἱρετῶν τινα θετέον καὶ οὐ τῶν δι' ἄλλο· οὐδενὸς γὰρ ἐνδεὴς ἡ εὐδαιμονία ἀλλ' αὐτάρκης.

Καθ' αὑτὰς δ' εἰσὶν αἱρεταὶ ἀφ' ὧν μηδὲν ἐπιζητεῖται παρὰ τὴν ἐνέργειαν. Τοιαῦται δ' εἶναι δοκοῦσιν αἱ κατ' ἀρετὴν πράξεις· τὰ γὰρ καλὰ καὶ σπουδαῖα πράττειν τῶν δι' αὑτὰ αἱρετῶν[1]. Καὶ τῶν παιδιῶν δὲ αἱ ἡδεῖαι· οὐ γὰρ δι' ἕτερα αὐτὰς αἱροῦνται· βλάπτονται γὰρ ἀπ' αὐτῶν μᾶλλον ἢ ὠφελοῦνται, ἀμελοῦντες τῶν σωμάτων καὶ τῆς κτήσεως. Καταφεύγουσι δ' ἐπὶ τὰς τοιαύτας διαγωγὰς τῶν εὐδαιμονιζομένων οἱ πολλοί, διὸ παρὰ τοῖς τυράννοις εὐδοκιμοῦσιν οἱ ἐν ταῖς τοιαύταις διαγωγαῖς εὐτράπελοι· ὧν γὰρ ἐφίενται, ἐν τούτοις παρέχουσι σφᾶς αὐτοὺς ἡδεῖς· δέονται δὲ τοιούτων.

Δοκεῖ μὲν οὖν εὐδαιμονικὰ ταῦτα εἶναι διὰ τὸ τοὺς ἐν δυναστείαις ἐν τούτοις ἀποσχολάζειν, οὐδὲν δὲ ἴσως σημεῖον οἱ τοιοῦτοι εἰσίν· οὐ γὰρ ἐν τῷ δυναστεύειν ἡ ἀρετὴ οὐδ' ὁ νοῦς,

---

1. Tandis qu'on ne gagne pas de l'argent pour gagner de

CHAPITRE VI. — *Théorie du bonheur.*

Nous venons de discourir sur les vertus, sur l'amitié, sur les plaisirs; il nous reste à traiter sommairement du bonheur, puisque nous posons que c'est la fin des actes humains. Un court résumé de ce que nous avons dit précédemment abrégera notre travail. Nous avons dit que le bonheur n'est pas une simple disposition : car on pourrait alors le trouver chez un homme qui, passant son existence dans le sommeil, vivrait de la vie des plantes, ou chez un homme qui aurait à supporter les plus grands malheurs. Si donc cette première définition est à rejeter; s'il faut placer plutôt le bonheur dans un certain acte, comme il a été dit plus haut; si, d'autre part, il faut distinguer parmi les actions celles qui ne sont nécessaires et désirables qu'en vue d'autre chose et celles qui le sont pour elles-mêmes, il est bien évident que le bonheur doit être rangé parmi les choses qui sont désirables pour elles-mêmes, et non pour une autre fin : car le bonheur n'a besoin de rien, il se suffit à lui-même.

Les actions préférables pour elles-mêmes sont celles où l'on ne recherche rien que l'activité même. Or, telles sont, à ce qu'il semble, les actions accomplies par vertu : car faire de belles et honorables actions est compris parmi les choses qu'on choisit pour elles-mêmes[1]. Tels sont encore, parmi les amusements, ceux qui sont agréables; car on ne les recherche pas pour autre chose, puisqu'ils nuisent plus qu'ils ne servent, et que, pour en jouir, on néglige sa fortune et sa santé. Cependant la plupart de ceux dont on vante le bonheur y ont recours, et les tyrans tiennent en estime ceux qui s'y montrent ingénieux. Car les flatteurs se rendent agréables dans les choses qui plaisent aux tyrans, et les tyrans ont besoin de gens qui les amusent.

On croit qu'il y a là des sources de bonheur, parce qu'on voit les hommes puissants qui s'en approchent; mais ce n'est peut-être pas là un exemple probant. Car ce n'est pas dans l'exercice du pouvoir qu'il faut chercher ni la

---

l'argent, mais pour être influent, charitable, heureux...

ἀφ' ὧν αἱ σπουδαῖαι ἐνέργειαι· οὐδ' εἰ ἄγευστοι οὗτοι ὄντες ἡδονῆς εἰλικρινοῦς καὶ ἐλευθερίου ἐπὶ τὰς σωματικὰς καταφεύγουσιν, διὰ τοῦτο ταύτας οἰητέον αἱρετωτέρας εἶναι· καὶ γὰρ οἱ παῖδες τὰ παρ' αὑτοῖς τιμώμενα κράτιστα οἴονται εἶναι. Εὔλογον δή, ὥσπερ παισὶ καὶ ἀνδράσιν ἕτερα φαίνεται τίμια, οὕτω καὶ φαύλοις καὶ ἐπιεικέσιν.

Καθάπερ οὖν πολλάκις εἴρηται, καὶ τίμια καὶ ἡδέα ἐστὶ τὰ τῷ σπουδαίῳ τοιαῦτα ὄντα· ἑκάστῳ δὲ ἡ κατὰ τὴν οἰκείαν ἕξιν αἱρετωτάτη ἐνέργεια, καὶ τῷ σπουδαίῳ δὴ ἡ κατὰ τὴν ἀρετήν. Οὐκ ἐν παιδιᾷ ἄρα ἡ εὐδαιμονία. Καὶ γὰρ ἄτοπον τὸ τέλος εἶναι παιδιάν, καὶ πραγματεύεσθαι καὶ κακοπαθεῖν τὸν βίον ἅπαντα τοῦ παίζειν χάριν. Ἅπαντα γὰρ ὡς εἰπεῖν ἑτέρου ἕνεκα αἱρούμεθα πλὴν τῆς εὐδαιμονίας· τέλος γὰρ αὕτη. Σπουδάζειν δὲ καὶ πονεῖν παιδιᾶς χάριν ἠλίθιον φαίνεται καὶ λίαν παιδικόν· παίζειν δ' ὅπως σπουδάζῃ, κατ' Ἀνάχαρσιν, ὀρθῶς ἔχειν δοκεῖ. Ἀναπαύσει γὰρ ἔοικεν ἡ παιδιά, ἀδυνατοῦντες δὲ συνεχῶς πονεῖν ἀναπαύσεως δέονται. Οὐ δὴ τέλος ἡ ἀνάπαυσις· γίνεται γὰρ ἕνεκα τῆς ἐνεργείας.

Δοκεῖ δ' ὁ εὐδαίμων βίος κατ' ἀρετὴν εἶναι· οὗτος δὲ μετὰ σπουδῆς, ἀλλ' οὐκ ἐν παιδιᾷ. Βελτίω τε λέγομεν τὰ σπουδαῖα τῶν γελοίων καὶ τῶν μετὰ παιδιᾶς, καὶ τοῦ βελτίονος ἀεὶ καὶ μορίου καὶ ἀνθρώπου σπουδαιοτέραν τὴν ἐνέργειαν· ἡ δὲ τοῦ βελτίονος κρείττων καὶ εὐδαιμονικωτέρα ἤδη. Ἀπολαύσειέ τ' ἂν τῶν σωματικῶν ἡδονῶν ὁ τυχὼν καὶ ἀνδράποδον οὐχ ἧττον τοῦ ἀρίστου· εὐδαιμονίας δ' οὐδεὶς ἀνδραπόδῳ μεταδίδωσιν, εἰ μὴ καὶ βίου. Οὐ γὰρ ἐν ταῖς τοιαύταις δια-

vertu ni l'intelligence, d'où procèdent les actions honorables. Parce que de tels hommes sont incapables de goûter un plaisir délicat et vraiment libre, et qu'ils se réfugient vers les plaisirs du corps, ce n'est pas une raison pour donner la préférence à ce qu'ils aiment. Les enfants aussi croient à la supériorité des plaisirs auxquels ils attachent quelque prix. Si donc nous faisons une différence entre le jugement des enfants et celui des hommes faits, comment n'en ferions-nous pas entre le jugement des hommes vertueux et celui des hommes vicieux ?

Ainsi, comme nous l'avons déjà répété, rien n'est précieux, rien n'est agréable, que ce qui paraît tel à l'homme de bien. Mais ce que chacun préfère, c'est ce qui est le plus en conformité avec les dispositions habituelles de son être, et ce que l'homme de bien préfère, c'est ce qui est conforme à la vertu. Le bonheur n'est donc pas dans les amusements puérils. Car il serait absurde d'en faire le but de la vie, de ne travailler, de ne supporter des épreuves, qu'en vue de s'amuser. Il n'y a rien, pour ainsi dire, que nous ne recherchions en vue de quelque autre chose, si ce n'est le bonheur : car il est sa fin à lui-même. Prendre de la peine et du souci pour l'amusement semblerait donc une sottise et un excès de puérilité. Jouez, afin de pouvoir agir sérieusement, disait Anacharsis; et cette maxime semble juste. Le jeu, en effet, ressemble à un repos, et des êtres qui ne peuvent agir continuellement ont besoin de repos. Or, le repos n'est pas une fin, puisqu'on ne se repose qu'en vue de mieux agir.

Si, d'ailleurs, la vie heureuse est une vie vertueuse, il faut observer que la vertu est un travail sérieux, et non un jeu. Nous jugeons les choses sérieuses meilleures que les divertissements et les rires ; et les actes qui proviennent de la meilleure partie de l'homme ou de l'homme le meilleur entre tous les autres sont certes des actes sérieux. Or, ce qui vient de ce qui est meilleur vaut mieux et doit contribuer davantage au bonheur. De plus, les plaisirs du corps sont également à la portée du premier venu, de l'esclave aussi bien que d'un excellent citoyen. Or, nul ne croira qu'un esclave puisse participer au bonheur, s'il est vrai qu'il ne participe pas à la vraie vie. Car ce n'est pas dans de semblables divertissements qu'est le bonheur ; il n'est,

γωγαῖς ἡ εὐδαιμονία, ἀλλ' ἐν ταῖς κατ' ἀρετὴν ἐνεργείαις, καθάπερ καὶ πρότερον εἴρηται.

CHAPITRE VII. — *Suite de la théorie du bonheur. — Il consiste principalement dans la philosophie.*

Εἰ δ' ἐστὶν ἡ εὐδαιμονία κατ' ἀρετὴν ἐνέργεια, εὔλογον κατὰ τὴν κρατίστην· αὕτη δ' ἂν εἴη τοῦ ἀρίστου. Εἴτε δὴ νοῦς τοῦτο εἴτε ἄλλο τι, ὃ δὴ κατὰ φύσιν δοκεῖ ἄρχειν καὶ ἡγεῖσθαι καὶ ἔννοιαν ἔχειν περὶ καλῶν καὶ θείων, εἴτε θεῖον ὂν καὶ αὐτὸ εἴτε τῶν ἐν ἡμῖν τὸ θειότατον, ἡ τούτου ἐνέργεια κατὰ τὴν οἰκείαν ἀρετὴν εἴη ἂν ἡ τελεία εὐδαιμονία. Ὅτι δ' ἐστὶ θεωρητική, εἴρηται.

Ὁμολογούμενον δὲ τοῦτ' ἂν δόξειεν εἶναι καὶ τοῖς πρότερον καὶ τῷ ἀληθεῖ. Κρατίστη τε γὰρ αὕτη ἐστὶν ἡ ἐνέργεια· καὶ γὰρ ὁ νοῦς τῶν ἐν ἡμῖν, καὶ τῶν γνωστῶν, περὶ ἃ ὁ νοῦς. Ἔτι δὲ συνεχεστάτη· θεωρεῖν τε γὰρ δυνάμεθα συνεχῶς μᾶλλον ἢ πράττειν ὁτιοῦν. Οἰόμεθά τε δεῖν ἡδονὴν παραμεμῖχθαι τῇ εὐδαιμονίᾳ, ἡδίστη δὲ τῶν κατ' ἀρετὴν ἐνεργειῶν ἡ κατὰ τὴν σοφίαν ὁμολογουμένως ἐστίν· δοκεῖ γοῦν ἡ φιλοσοφία θαυμαστὰς ἡδονὰς ἔχειν καθαριότητι καὶ τῷ βεβαίῳ, εὔλογον δὲ τοῖς εἰδόσι τῶν ζητούντων ἡδίω τὴν διαγωγὴν εἶναι.

Ἥ τε λεγομένη αὐτάρκεια περὶ τὴν θεωρητικὴν μάλιστ' ἂν εἴη· τῶν μὲν γὰρ πρὸς τὸ ζῆν ἀναγκαίων καὶ σοφὸς καὶ δίκαιος καὶ οἱ λοιποὶ δέονται, τοῖς δὲ τοιούτοις ἱκανῶς κεχορηγημένων ὁ μὲν δίκαιος δεῖται πρὸς οὓς δικαιοπραγήσει καὶ μεθ' ὧν, ὁμοίως δὲ καὶ ὁ σώφρων καὶ ὁ ἀνδρεῖος καὶ τῶν ἄλλων ἕκαστος, ὁ δὲ σοφὸς καὶ καθ' αὑτὸν ὢν δύναται θεωρεῖν, καὶ ὅσῳ ἂν σοφώτερος ᾖ, μᾶλλον· βέλτιον δ' ἴσως

comme nous l'avons déjà dit, que dans les actes conformes à la vertu.

Chapitre VII. — *Suite de la théorie du bonheur. — Il consiste principalement dans la philosophie.*

Mais si le bonheur est une activité conforme à la vertu, il faut que ce soit à la vertu la plus haute ; et cette activité ne peut être que celle de la partie la meilleure de notre être. Que cette partie-là soit l'esprit ou tout autre principe, dont la nature semble bien être de commander à tout le reste et de le diriger, et d'acquérir la connaissance de tout ce qu'il y a de beau et de divin, ou bien encore que ce soit quelque chose de divin, ou du moins ce qu'il y a de plus divin dans notre être, l'action de ce principe selon sa vertu propre, voilà le bonheur parfait. Or, cette vertu spéciale, c'est la contemplation, nous l'avons déjà dit.

Cette proposition est d'accord avec nos démonstrations antérieures et avec la vérité même. L'acte dont nous parlons est bien le plus puissant de tous, puisque l'entendement est la plus précieuse des choses qui sont en nous et de toutes celles qui sont accessibles à la connaissance de l'entendement lui-même. C'est aussi l'acte le plus continu : car nous pouvons mettre plus de continuité dans la pensée que dans aucun autre acte quelconque. Nous devons voir aussi que ce bonheur ne va pas sans plaisir, et que le plus agréable des actes vertueux est celui qui est le plus conforme à la sagesse. Il paraît donc bien que la philosophie nous réserve des plaisirs remarquables par leur pureté et leur certitude : car il est assuré que ceux qui savent ont une vie plus agréable que ceux qui cherchent à connaître.

C'est encore la vie contemplative qui peut le mieux, comme on dit, se suffire à elle-même. Sans doute, le sage et le juste ont besoin, comme tous les autres hommes, des choses nécessaires à la vie ; mais, parmi ceux qui ont ces choses en quantité suffisante, il faut que le juste trouve des hommes envers qui exercer sa justice : la modération, le courage et les autres vertus ne s'exercent ainsi qu'envers d'autres hommes. Mais le sage, même quand il est seul avec lui-même, peut se livrer à la contemplation ; il le peut d'autant plus qu'il est plus sage. Peut-être vaudrait-il mieux

συνεργοὺς ἔχων, ἀλλ' ὅμως αὐταρκέστατος. Δόξαι τ' ἂν αὐτὴ μόνη δι' αὑτὴν ἀγαπᾶσθαι · οὐδὲν γὰρ ἀπ' αὐτῆς γίνεται παρὰ τὸ θεωρῆσαι, ἀπὸ δὲ τῶν πρακτικῶν ἢ πλεῖον ἢ ἔλαττον περιποιούμεθα παρὰ τὴν πρᾶξιν.

Δοκεῖ τε ἡ εὐδαιμονία ἐν τῇ σχολῇ εἶναι · ἀσχολούμεθα γὰρ ἵνα σχολάζωμεν, καὶ πολεμοῦμεν ἵνα εἰρήνην ἄγωμεν. [Τῶν μὲν οὖν πρακτικῶν ἀρετῶν ἐν τοῖς πολιτικοῖς ἢ ἐν τοῖς πολεμικοῖς ἡ ἐνέργεια · αἱ δὲ περὶ ταῦτα πράξεις δοκοῦσιν ἄσχολοι εἶναι, αἱ μὲν πολεμικαὶ καὶ παντελῶς,] οὐδεὶς γὰρ αἱρεῖται τὸ πολεμεῖν τοῦ πολεμεῖν ἕνεκα, οὐδὲ παρασκευάζει πόλεμον · δόξαι γὰρ ἂν παντελῶς μιαιφόνος τις εἶναι, εἰ τοὺς φίλους πολεμίους ποιοῖτο, ἵνα μάχαι καὶ φόνοι γίνοιντο. Ἔστι δὲ καὶ ἡ τοῦ πολιτικοῦ ἄσχολος, καὶ παρ' αὐτὸ τὸ πολιτεύεσθαι περιποιουμένη δυναστείας καὶ τιμὰς ἢ τήν γε εὐδαιμονίαν αὐτῷ καὶ τοῖς πολίταις, ἑτέραν οὖσαν τῆς πολιτικῆς, ἣν καὶ ζητοῦμεν δῆλον ὡς ἑτέραν οὖσαν[1].

Εἰ δὴ τῶν μὲν κατὰ τὰς ἀρετὰς πράξεων αἱ πολιτικαὶ καὶ πολεμικαὶ κάλλει καὶ μεγέθει προέχουσιν, αὗται δ' ἄσχολοι καὶ τέλους τινὸς ἐφίενται καὶ οὐ δι' αὑτὰς αἱρεταί εἰσιν, ἡ δὲ τοῦ νοῦ ἐνέργεια σπουδῇ τε διαφέρειν δοκεῖ θεωρητικὴ οὖσα, καὶ παρ' αὑτὴν οὐδενὸς ἐφίεσθαι τέλους, ἔχειν τε ἡδονὴν τελείαν οἰκείαν (αὕτη δὲ συναύξει τὴν ἐνέργειαν), καὶ τὸ αὔταρκες δὲ καὶ σχολαστικὸν καὶ ἄτρυτον ὡς ἀνθρώπῳ καὶ ὅσα ἄλλα τῷ μακαρίῳ ἀπονέμεται κατὰ ταύτην τὴν ἐνέργειαν φαίνεται ὄντα · ἡ τελεία δὴ εὐδαιμονία αὕτη ἂν εἴη ἀνθρώ-

---

1. En d'autres termes, la politique est un moyen. On ne gouverne pas pour le plaisir de gouverner, mais pour assurer, par

qu'il associât d'autres hommes à son action; néanmoins nul n'est plus capable que lui de se suffire à lui-même. De plus, la vie contemplative semble bien être la seule qui puisse être aimée pour elle-même. Car on n'attend rien d'elle que la seule contemplation, tandis que dans la vie active nous visons toujours plus ou moins à quelque résultat de notre action.

Enfin, il semble bien que le bonheur soit dans le repos: car nous ne travaillons que pour nous procurer des loisirs, et nous ne faisons la guerre qu'en vue de la paix. [C'est, par exemple, dans la politique et dans la guerre que s'exercent les vertus politiques; ces actions, surtout celles de la guerre, ne semblent permettre aucun repos.] Or, personne ne fait la guerre ou ne la prépare pour le seul plaisir de la guerre. Car on tiendrait pour un pur scélérat celui qui transformerait des amis en ennemis uniquement pour avoir des combats et des massacres. L'action de l'homme politique est encore une action qui ne goûte pas le bonheur du repos: car, outre la conduite même des affaires de l'État, il a encore à chercher pour soi ou pour les autres de la puissance et des honneurs, ou tout au moins un bonheur qui est toute autre chose que la politique elle-même, et que nous cherchons comme en étant distinct [1].

Si donc les actions politiques et militaires qui, de toutes les actions vertueuses, sont les plus belles et les plus grandes, sont cependant soumises à l'effort et tendent à un certain but, ce qui les empêche d'être désirables en elles-mêmes; si, d'autre part, l'activité de l'esprit est plus noble; si elle n'a d'autre fin qu'elle-même; si le plaisir qui lui est propre est un plaisir parfait, qui augmente encore l'énergie de notre action; si ce privilège de se suffire à soi-même, d'être en dehors du mouvement et d'être sans fin (autant du moins que le comporte la nature de l'homme), n'appartiennent qu'à ce genre d'activité, concluons que c'est bien là le bonheur parfait pour l'homme, à la condition de rem-

---

une bonne administration et de bonnes lois, la paix publique, la culture pacifique des sciences et des lettres, etc.

που, λαβοῦσα μῆκος βίου τέλειον. Οὐδὲν γὰρ ἀτελές ἐστι
τῶν τῆς εὐδαιμονίας.

Ὁ δὲ τοιοῦτος ἂν εἴη βίος κρείττων ἢ κατ' ἄνθρωπον· οὐ γὰρ ᾗ ἄνθρωπός ἐστιν οὕτως βιώσεται, ἀλλ' ᾗ θεῖόν τι ν αὐτῷ, ὑπάρχει· ὅσῳ δὲ διαφέρει τοῦτο τοῦ συνθέτου[1], τε ... ...αὶ ἡ ἐνέργεια τῆς κατὰ τὴν ἄλλην ἀρετήν. Εἰ δὴ θεῖον ὁ νοῦς πρὸς τὸν ἄνθρωπον, καὶ ὁ κατὰ τοῦτον βίος θεῖος πρὸς τὸν ἀνθρώπινον βίον. Οὐ χρὴ δὲ κατὰ τοὺς παραινοῦντας ἀνθρώπινα φρονεῖν ἄνθρωπον ὄντα οὐδὲ θνητὰ τὸν θνητόν, ἀλλ' ἐφ' ὅσον ἐνδέχεται ἀθανατίζειν[2] καὶ πάντα ποιεῖν πρὸς τὸ ζῆν κατὰ τὸ κράτιστον τῶν ἐν αὐτῷ· εἰ γὰρ καὶ τῷ ὄγκῳ μικρόν ἐστι, δυνάμει καὶ τιμιότητι πολὺ μᾶλλον πάντων ὑπερέχει. Δόξειε δ' ἂν καὶ εἶναι ἕκαστος τοῦτο, εἴπερ τὸ κύριον καὶ ἄμεινον· ἄτοπον οὖν γίνοιτ' ἄν, εἰ μὴ τὸν αὐτοῦ βίον αἱροῖτο ἀλλά τινος ἄλλου. Τὸ λεχθέν τε πρότερον ἁρμόσει καὶ νῦν· τὸ γὰρ οἰκεῖον ἑκάστῳ τῇ φύσει κράτιστον καὶ ἥδιστόν ἐστιν ἑκάστῳ. Καὶ τῷ ἀνθρώπῳ δὴ ὁ κατὰ τὸν νοῦν βίος, εἴπερ τοῦτο μάλιστα ἄνθρωπος. Οὗτος ἄρα καὶ εὐδαιμονέστατος.

CHAPITRE VIII. — *Théorie du bonheur* (suite). *Second degré du bonheur. Les vertus morales.*

Δευτέρως δ' ὁ κατὰ τὴν ἄλλην ἀρετήν[3]· αἱ γὰρ κατὰ ταύτην ἐνέργειαι ἀνθρωπικαί· δίκαια γὰρ καὶ ἀνδρεῖα καὶ

---

1. L'homme, dans son ensemble, est un composé, puisqu'il comprend un corps, une âme, et dans cette âme même une partie qu'Aristote qualifie si souvent de *divine*.
2. Le mot grec est difficile à traduire. Il ne veut pas dire *mériter l'immortalité* ou *penser à l'immortalité future*, comme nous le dirions dans nos idées modernes. Il signifie plu-

plir l'étendue entière de la vie : car rien d'inachevé ne peut prendre place parmi les éléments du bonheur.

Mais peut-être une telle vie serait-elle au-dessus de la condition humaine : car ce n'est pas en tant qu'homme qu'on pourrait jouir d'une telle vie, mais en tant qu'ayant en soi quelque chose de divin. Autant donc cette partie divine l'emporte sur le composé[1], autant la vertu propre à cette partie l'emporte sur toute autre. Or, si l'esprit est quelque chose de divin par rapport à l'homme, la vie selon l'esprit ne peut être que divine par rapport à la vie humaine. Aussi ne faut-il pas, parce que nous sommes des hommes, vivre et penser d'après ceux qui ne nous conseillent que des choses purement humaines, et parce que nous sommes mortels ne penser qu'à des choses mortelles ; mais nous devons, autant que nous le pouvons, nous élever à l'immortalité[2] et tout faire pour vivre selon ce qu'il y a de meilleur en nous. Car, si ce principe est petit par l'espace qu'il remplit, il est au-dessus de tout par sa puissance et par sa dignité. Il semble aussi que c'est bien là ce qui constitue l'individualité de chacun, puisque c'est là la partie maîtresse et supérieure. Il serait donc absurde de préférer une vie quelconque à celle-là. Et ceci s'accorde avec ce que nous avons dit précédemment : car ce qui fait le caractère propre d'un être est ce dont la jouissance lui donne naturellement le plus de force et le plus d'agrément. La vie selon l'esprit est donc la vie propre à l'homme, s'il est vrai que l'homme soit surtout esprit, et une telle vie est aussi une vie heureuse.

CHAPITRE VIII. — *Théorie du bonheur* (suite). *Second degré du bonheur. Les vertus morales.*

Le second degré du bonheur est la vie conforme à la seconde espèce de vertu[3] : car les actions qu'elle inspire sont proprement humaines, la justice, par exemple, le courage,

---

tôt : « supprimer ou atténuer en nous la partie changeante et caduque et nous placer immédiatement comme en dehors du temps et de l'espace. »

3. La vertu active ou pratique : car la première est la vertu contemplative.

τὰ ἄλλα τὰ κατὰ τὰς ἀρετὰς πρὸς ἀλλήλους πράττομεν ἐν συναλλάγμασιν καὶ χρείαις καὶ πράξεσι παντοίαις ἔν τε τοῖς πάθεσι διατηροῦντες τὸ πρέπον ἑκάστῳ, ταῦτα δ' εἶναι φαίνεται πάντα ἀνθρωπικά. Ἔνια δὲ καὶ συμβαίνειν ἀπὸ τοῦ σώματος δοκεῖ, καὶ πολλὰ συνῳκειῶσθαι τοῖς πάθεσιν ἡ τοῦ ἤθους ἀρετή. Συνέζευκται δὲ καὶ ἡ φρόνησις[1] τῇ τοῦ ἤθους ἀρετῇ, καὶ αὕτη τῇ φρονήσει, εἴπερ αἱ μὲν τῆς φρονήσεως ἀρχαὶ κατὰ τὰς ἠθικάς εἰσιν ἀρετάς, τὸ δ' ὀρθὸν τῶν ἠθικῶν κατὰ τὴν φρόνησιν. Συνηρτημέναι δ' αὗται καὶ τοῖς πάθεσι περὶ τὸ σύνθετον[2] ἂν εἶεν· αἱ δὲ τοῦ συνθέτου ἀρεταὶ ἀνθρωπικαί. Καὶ ὁ βίος δὴ ὁ κατὰ ταύτας καὶ ἡ εὐδαιμονία. Ἡ δὲ τοῦ νοῦ κεχωρισμένη[3]· τοσοῦτον γὰρ περὶ αὐτῆς εἴρηται· διακριβῶσαι γὰρ μεῖζον τοῦ προκειμένου ἐστίν.

Δόξειε δ' ἂν καὶ τῆς ἐκτὸς χορηγίας ἐπὶ μικρὸν ἢ ἐπ' ἔλαττον δεῖσθαι τῆς ἠθικῆς. Τῶν μὲν γὰρ ἀναγκαίων ἀμφοῖν χρεία καὶ ἐξ ἴσου ἔστω, εἰ καὶ μᾶλλον διαπονεῖ περὶ τὸ σῶμα ὁ πολιτικός, καὶ ὅσα τοιαῦτα (μικρὸν γὰρ ἄν τι διαφέροι)· πρὸς δὲ τὰς ἐνεργείας πολὺ διοίσει. Τῷ μὲν γὰρ ἐλευθερίῳ δεήσει χρημάτων πρὸς τὸ πράττειν τὰ ἐλευθέρια, καὶ τῷ δικαίῳ δὴ εἰς τὰς ἀνταποδόσεις (αἱ γὰρ βουλήσεις ἄδηλοι[4], προσποιοῦνται δὲ καὶ οἱ μὴ δίκαιοι βούλεσθαι δικαιοπραγεῖν), τῷ ἀνδρείῳ δὲ δυνάμεως, εἴπερ ἐπιτελεῖ τι τῶν κατὰ τὴν ἀρετήν, καὶ τῷ σώφρονι ἐξουσίας. Πῶς γὰρ δῆλος ἔσται ἢ οὗτος ἢ τῶν ἄλλων τις;

---

1. Vertu intellectuelle.
2. Car les passions viennent du corps.

et les autres vertus que nous pratiquons les uns à l'égard des autres dans nos relations mutuelles, dans les affaires et dans les actes de toute nature, de même que nous cherchons aussi, en fait de sentiments, à rendre à chacun ce qui lui est dû : tout cela, c'est la vie humaine. Quelques-unes de ces vertus semblent exiger certaines qualités corporelles, et la vertu morale est étroitement liée avec les passions. La prudence[1] est liée à la vertu morale, et celle-ci aussi veut être unie à la prudence : car la prudence fournit les principes auxquels se conforme la vertu morale; et celle-ci, quand elle ne s'égare pas, est d'accord avec celle-là. Mais toutes ces vertus sont liées aux passions : elles ne peuvent donc se trouver que dans un composé[2]. Ces vertus du composé sont donc les vertus proprement humaines : voilà pourquoi la vie humaine et son bonheur sont la vie et le bonheur d'un composé. Mais la vie de l'esprit est une vie séparée[3]. C'est ce que nous avons assez démontré pour le moment : un plus long développement serait ici hors de propos.

Le bonheur de l'intelligence ne semble pas non plus exiger de biens extérieurs, ou, en tout cas, il lui en faut bien moins qu'au bonheur résultant de la vertu morale. Que l'un et l'autre aient un égal besoin des choses nécessaires, soit ! L'homme d'action aura peut-être plus à demander à son corps et à tout ce qui est matériel. Ici cependant la différence pourra être légère. Mais c'est en ce qui touche aux actions que la différence sera sensible. Il faut de l'argent au libéral pour exercer ses libéralités; il en faut à l'homme juste pour accorder à chacun la rétribution qui lui est due (car les volontés ne se voient pas[4], et ceux mêmes qui sont injustes peuvent feindre de vouloir la justice). A l'homme courageux il faut une certaine force physique, s'il veut manifester sa vertu par des actes; il faut que le tempérant ne soit pas dénué de tout : car, autrement, qu'est-ce qui prouverait qu'il est tel, et non autre?

---

3. En d'autres termes, immatérielle et simple.
4. Il faut donc qu'elles soient rendues manifestes par des actes extérieurs.

Ἀμφισβητεῖται τε πότερον κυριώτερον τῆς ἀρετῆς ἡ προαίρεσις ἢ αἱ πράξεις, ὡς ἐν ἀμφοῖν οὔσης· τὸ δὴ τέλειον δῆλον ὡς ἐν ἀμφοῖν ἂν εἴη· πρὸς δὲ τὰς πράξεις πολλῶν δεῖται, καὶ ὅσῳ ἂν μείζους ὦσιν καὶ καλλίους, πλειόνων. Τῷ δὲ θεωροῦντι οὐδενὸς τῶν τοιούτων πρός γε τὴν ἐνέργειαν χρεία, ἀλλ' ὡς εἰπεῖν καὶ ἐμπόδιά ἐστιν πρός γε τὴν θεωρίαν· ᾗ δ' ἄνθρωπός[1] ἐστιν καὶ πλείοσι συζῇ, αἱρεῖται τὰ κατὰ τὴν ἀρετὴν πράττειν· δεήσεται οὖν τῶν τοιούτων πρὸς τὸ ἀνθρωπεύεσθαι.

Ἡ δὲ τελεία εὐδαιμονία ὅτι θεωρητική τίς ἐστιν ἐνέργεια, καὶ ἐντεῦθεν ἂν φανείη. Τοὺς θεοὺς γὰρ μάλιστα ὑπειλήφαμεν μακαρίους καὶ εὐδαίμονας εἶναι· πράξεις δὲ ποίας ἀπονεῖμαι χρεὼν αὐτοῖς; πότερα τὰς δικαίας; ἢ γελοῖοι φανοῦνται συναλλάττοντες καὶ παρακαταθήκας ἀποδιδόντες καὶ ὅσα τοιαῦτα; ἀλλὰ τὰς ἀνδρείους, ὑπομένοντας τὰ φοβερὰ καὶ κινδυνεύοντας ὅτι καλόν; ἢ τὰς ἐλευθερίους; τίνι δὲ δώσουσιν; ἄτοπον[2] δ' εἰ καὶ ἔσται αὐτοῖς νόμισμα ἤ τι τοιοῦτον. Αἱ δὲ σώφρονες τί ἂν εἶεν; ἢ φορτικὸς ὁ ἔπαινος, ὅτι οὐκ ἔχουσιν φαύλας ἐπιθυμίας; διεξιοῦσι δὲ πάντα φαίνοιτ' ἂν τὰ περὶ τὰς πράξεις μικρὰ καὶ ἀνάξια θεῶν. Ἀλλὰ μὴν ζῆν τε πάντες ὑπειλήφασιν αὐτούς, καὶ ἐνεργεῖν ἄρα· οὐ γὰρ δὴ καθεύδειν ὥσπερ τὸν Ἐνδυμίωνα. Τῷ δὲ ζῶντι τοῦ πράττειν ἀφαιρουμένου, ἔτι δὲ μᾶλλον τοῦ ποιεῖν, τί λείπεται πλὴν θεωρία; ὥστε ἡ τοῦ θεοῦ ἐνέργεια, μακαριότητι διαφέρουσα, θεωρητικὴ ἂν εἴη. Καὶ τῶν ἀνθρωπίνων δὴ ἡ ταύτῃ συγγενεστάτη εὐδαιμονικωτάτη.

---

1. Et non en tant que participant, par la raison, à la vie divine.
2. On peut s'étonner qu'Aristote entende d'une manière aussi

C'est une question de savoir si la condition maîtresse de la vertu est dans l'intention ou dans l'action, puisque ce sont là deux conditions qu'elle suppose. Assurément, la vertu parfaite les réunit l'une et l'autre. Il faut beaucoup de choses pour pouvoir agir, et plus les actions à exécuter sont grandes, plus les moyens doivent être nombreux. Mais le contemplatif n'a besoin d'aucun de ces moyens extérieurs pour exercer son activité : il y trouverait, pour ainsi dire, autant d'obstacles, du moins pour ce qui est de la contemplation. En tant qu'homme[1] pourtant, et en tant que vivant en société avec beaucoup d'autres, il aimera mieux agir selon la vertu, et il aura besoin de tous ces secours pour accomplir ses devoirs d'homme.

Mais voici une autre preuve que le bonheur parfait est dû à une certaine contemplation : c'est aux dieux que nous attribuons le suprême bonheur, la suprême béatitude. Eh bien! quels actes pouvons-nous leur prêter? Sont-ce des actes de justice? Mais ne serait-il pas ridicule de les imaginer contractant des engagements, restituant des dépôts et autres choses de cette nature? Dirons-nous qu'ils font des actes courageux, qu'ils affrontent des choses redoutables, bravent des dangers, parce que cela est beau? Ou dirons-nous qu'ils sont généreux? Mais à qui donneront-ils? Supposer qu'ils ont de l'argent ou quelque chose d'analogue serait ridicule[2]. Dira-t-on qu'ils sont tempérants? La belle louange que de dire qu'ils n'ont pas de honteux désirs! Parcourons enfin toutes nos actions : nous les trouvons petites et indignes des dieux. Et cependant tout le monde croit que les dieux vivent, et que, par conséquent, ils agissent : car ils ne dorment pas comme Endymion. Mais si on enlève à un être vivant la faculté d'agir, et plus encore celle de faire quelque chose d'extérieur, que lui restera-t-il, si ce n'est la contemplation? Ainsi, l'activité de Dieu, dont le bonheur surpasse tous les autres, doit être une activité contemplative. Et ce qui dans notre nature s'en rapproche le plus doit être aussi ce qui nous donne le plus de bonheur.

---

matérielle la justice et la bonté. Il y aurait ici une différence à établir entre ces deux vertus et la tempérance ou le courage.

Σημεῖον δὲ καὶ τὸ μὴ μετέχειν τὰ λοιπὰ ζῷα εὐδαιμονίας, τῆς τοιαύτης ἐνεργείας ἐστερημένα τελείως. Τοῖς μὲν γὰρ θεοῖς ἅπας ὁ βίος μακάριος, τοῖς δ' ἀνθρώποις, ἐφ' ὅσον ὁμοίωμά τι τῆς τοιαύτης ἐνεργείας ὑπάρχει· τῶν δ' ἄλλων ζώων οὐδὲν εὐδαιμονεῖ, ἐπειδὴ οὐδαμῇ κοινωνεῖ θεωρίας. Ἐφ' ὅσον δὴ διατείνει ἡ θεωρία, καὶ ἡ εὐδαιμονία, καὶ οἷς μᾶλλον ὑπάρχει τὸ θεωρεῖν, καὶ εὐδαιμονεῖν, οὐ κατὰ συμβεβηκὸς, ἀλλὰ κατὰ τὴν θεωρίαν· αὕτη γὰρ καθ' αὑτὴν τιμία. Ὥστ' εἴη ἂν ἡ εὐδαιμονία θεωρία τις.

CHAPITRE IX. — *Des conditions du bonheur.*

Δεήσει δὲ καὶ τῆς ἐκτὸς εὐημερίας ἀνθρώπῳ ὄντι· οὐ γὰρ αὐτάρκης ἡ φύσις πρὸς τὸ θεωρεῖν, ἀλλὰ δεῖ καὶ τὸ σῶμα ὑγιαίνειν καὶ τροφὴν καὶ τὴν λοιπὴν θεραπείαν ὑπάρχειν. Οὐ μὴν οἰητέον γε πολλῶν καὶ μεγάλων δεήσεσθαι τὸν εὐδαιμονήσοντα, εἰ μὴ ἐνδέχεται ἄνευ τῶν ἐκτὸς ἀγαθῶν μακάριον εἶναι· οὐ γὰρ ἐν τῇ ὑπερβολῇ τὸ αὔταρκες οὐδ' ἡ πρᾶξις, δυνατὸν δὲ καὶ μὴ ἄρχοντα γῆς καὶ θαλάττης πράττειν τὰ καλά· καὶ γὰρ ἀπὸ μετρίων δύναιτ' ἄν τις πράττειν κατὰ τὴν ἀρετήν.

Τοῦτο δ' ἔστιν ἰδεῖν ἐναργῶς· οἱ γὰρ ἰδιῶται τῶν δυναστῶν οὐχ ἧττον δοκοῦσι τὰ ἐπιεικῆ πράττειν, ἀλλὰ καὶ μᾶλλον. Ἱκανὸν δὲ τοσαῦτα ὑπάρχειν· ἔσται γὰρ ὁ βίος εὐδαίμων τοῦ κατὰ τὴν ἀρετὴν ἐνεργοῦντος. Καὶ Σόλων δὲ τοὺς εὐδαίμονας ἴσως ἀπεφαίνετο καλῶς, εἰπὼν μετρίως τοῖς ἐκτὸς κεχορηγημένους, πεπραγότας δὲ τὰ κάλλισθ', ὡς ᾤετο, καὶ βεβιωκότας σωφρόνως· ἐνδέχεται γὰρ μέτρια κεκτημένους πράττειν ἃ δεῖ. Ἔοικεν δὲ καὶ Ἀναξαγόρας οὐ πλούσιον οὐδὲ δυνάστην ὑπολαβεῖν τὸν εὐδαίμονα, εἰπὼν ὅτι οὐκ ἂν θαυμάσειεν εἴ τις ἄτοπος φανείη τοῖς πολλοῖς· οὗτοι γὰρ κρίνουσιν τοῖς ἐκτὸς, τούτων αἰσθανόμενοι μόνον.

En voici encore une preuve : c'est que les autres animaux, qui sont complètement privés d'une telle faculté, n'ont point part au bonheur. En effet, la vie des dieux est absolument heureuse; la vie des hommes l'est dans la mesure même où leur activité peut ressembler à celle-là. Mais quant aux autres animaux, aucun n'est heureux, puisque aucun d'eux ne connaît rien de la vie contemplative. Donc, plus la contemplation est intense, plus le bonheur est profond. Les plus contemplatifs sont aussi les plus heureux ; ils le sont non par accident, mais par le fait de la contemplation : car elle tire tout son prix d'elle seule; en résumé, on pourrait dire que le bonheur est une espèce de contemplation.

Chapitre IX. — *Des conditions du bonheur*.

Et cependant il faut une certaine prospérité extérieure à l'être humain : car sa nature ne peut se suffire à elle-même pour la contemplation ; il lui faut la santé corporelle, il lui faut la nourriture et d'autres ressources encore. Mais, d'un autre côté, si l'on ne peut être heureux sans biens extérieurs, il ne faut pas croire que le sage ait besoin d'en posséder beaucoup et de grands. L'excès n'est nécessaire ni pour avoir ni pour faire ce dont on a besoin, et l'on peut accomplir de belles actions sans régner ni sur la terre ni sur la mer. La médiocrité n'empêche personne d'agir conformément à la vertu.

Voici ce qui le prouve éloquemment : non seulement les simples particuliers sont aussi capables de vertu que les tyrans, mais ils le sont même davantage. Il leur suffit, en effet, d'avoir autant qu'on vient de dire. C'est pourquoi Solon avait peut-être défini très bien les gens heureux, en disant que ce sont ceux qui, n'ayant possédé ni trop ni trop peu de biens extérieurs, ont accompli les actions les plus belles et ont vécu avec modération. Car une condition médiocre n'empêche pas de faire ce qu'il faut. Anaxagore paraît bien aussi n'avoir pas cru que l'homme heureux fût le riche et le puissant : car il disait qu'il ne serait pas surpris que l'homme véritablement heureux semblât étrange à la foule, celle-ci ne jugeant que par les choses du dehors et ne sentant rien autre.

Συμφωνεῖν δὴ τοῖς λόγοις ἐοίκασιν αἱ τῶν σοφῶν δόξαι. Πίστιν μὲν οὖν καὶ τὰ τοιαῦτα ἔχει τινά, τὸ δ' ἀληθὲς ἐν τοῖς πρακτοῖς ἐκ τῶν ἔργων καὶ τοῦ βίου κρίνεται· ἐν τούτοις γὰρ τὸ κύριον. Σκοπεῖν δὴ τὰ προειρημένα χρὴ ἐπὶ τὰ ἔργα καὶ τὸν βίον ἐπιφέροντας, καὶ συναδόντων μὲν τοῖς ἔργοις ἀποδεκτέον, διαφωνούντων δὲ λόγους ὑποληπτέον.

[Ὁ δὲ κατὰ νοῦν ἐνεργῶν καὶ τοῦτον θεραπεύων καὶ διακείμενος ἄριστα καὶ θεοφιλέστατος ἔοικεν· εἰ γάρ τις ἐπιμέλεια τῶν ἀνθρωπίνων ὑπὸ θεῶν γίνεται, ὥσπερ δοκεῖ[1], καὶ εἴη ἂν εὔλογον χαίρειν τε αὐτοὺς τῷ ἀρίστῳ καὶ τῷ συγγενεστάτῳ (τοῦτο δ'· ἂν εἴη ὁ νοῦς) καὶ τοὺς ἀγαπῶντας μάλιστα τοῦτο καὶ τιμῶντας ἀντευποιεῖν ὡς τῶν φίλων αὐτοῖς ἐπιμελουμένους καὶ ὀρθῶς τε καὶ καλῶς πράττοντας. Ὅτι δὲ πάντα ταῦτα τῷ σοφῷ μάλιστ' ὑπάρχει, οὐκ ἄδηλον. Θεοφιλέστατος ἄρα. Τὸν αὐτὸν δ' εἰκὸς καὶ εὐδαιμονέστατον· ὥστε κἂν οὕτως εἴη ὁ σοφὸς μάλιστ' εὐδαίμων.]

CHAPITRE X. — *Les théories ne suffisent pas. Influence de la nature, de l'enseignement et de la législation.*

Ἆρ' οὖν εἰ περί τε τούτων καὶ τῶν ἀρετῶν, ἔτι δὲ καὶ φιλίας καὶ ἡδονῆς ἱκανῶς εἴρηται τοῖς τύποις, τέλος ἔχειν οἰητέον τὴν προαίρεσιν; ἢ καθάπερ λέγεται, οὐκ ἔστιν ἐν τοῖς πρακτοῖς τέλος τὸ θεωρῆσαι ἕκαστα καὶ γνῶναι, ἀλλὰ μᾶλλον τὸ πράττειν αὐτά; οὐδὲ δὴ περὶ ἀρετῆς ἱκανὸν τὸ εἰδέναι, ἀλλ' ἔχειν καὶ χρῆσθαι πειρατέον, ἢ εἴ πως ἄλλως ἀγαθοὶ γινόμεθα[2].

Εἰ μὲν οὖν ἦσαν οἱ λόγοι αὐτάρκεις πρὸς τὸ ποιῆσαι ἐπιεικεῖς, πολλοὺς ἂν μισθοὺς καὶ μεγάλους δικαίως ἔφερον

---

1. Aristote personnellement ne le croit pas. Il rapporte ici la croyance populaire et la prend sans doute comme une sorte de symbole.

Les opinions des sages semblent aussi s'accorder avec nos discours, et ceux-ci en reçoivent assurément quelque force; mais, dans ce qui touche à la pratique, ce sont les faits, ce sont les actes de la vie qui sont juges de la vérité; ce sont eux qui ont l'autorité décisive. C'est pourquoi toutes les propositions qui viennent d'être émises doivent être examinées soigneusement et comparées avec les actes et la conduite de la vie. Si elles sont d'accord avec les faits, qu'on les approuve; si elles sont en désaccord, qu'on les tienne pour vaines paroles.

Celui qui agit selon l'esprit, et qui se fait le serviteur de l'esprit, semble être aussi le mieux doué de tous les hommes et le plus aimé par les dieux. Car si les dieux, comme on le croit[1], ont quelque souci des choses humaines, il est naturel de penser qu'ils aiment ce qu'il y a de meilleur et de plus semblable à leur nature (et ce ne peut être que l'esprit), et qu'ils récompensent tous ceux qui, honorant ce qu'ils aiment eux-mêmes, ont une conduite droite et belle. Que tout cela soit le lot du sage, on ne peut en douter. C'est donc bien lui qui est aimé des dieux; et il doit en résulter pour lui le plus grand bonheur : ainsi donc, c'est surtout le sage qui est heureux.

Chapitre X. — *Les théories ne suffisent pas. Influence de la nature, de l'enseignement et de la législation.*

Si nous en avons assez dit sur le bonheur et sur les vertus, comme sur l'amitié et le plaisir, pour en donner une idée générale, devons-nous croire notre entreprise achevée? Ou bien devons-nous croire, comme on le dit, que dans ce qui touche à la pratique, la fin à se proposer est, non pas d'examiner et de connaître chaque vérité, mais de les traduire toutes en actes. Car, en matière de vertu, c'est peu de connaître, si on ne s'efforce pas d'acquérir et de faire usage, à moins qu'on ne trouve quelque autre moyen de devenir vertueux[2].

Si, en effet, les discours suffisaient à rendre honnête, ils mériteraient de nombreuses et grandes récompenses, comme

---

2. Fin de phrase évidemment ironique.

κατὰ τὸν Θέογνιν, καὶ ἔδει ἂν τούτους περίεσθαι· νῦν δὲ φαίνονται προτρέψασθαι μὲν καὶ παρορμῆσαι τῶν νέων τοὺς ἐλευθερίους ἰσχύειν, ἦθός τ' εὐγενὲς καὶ ὡς ἀληθῶς φιλόκαλον ποιῆσαι ἂν κατακώχιμον ἐκ τῆς ἀρετῆς, τοὺς δὲ πολλοὺς ἀδυνατεῖν πρὸς καλοκἀγαθίαν προτρέψασθαι· οὐ γὰρ πεφύκασιν αἰδοῖ πειθαρχεῖν ἀλλὰ φόβῳ, οὐδὲ ἀπέχεσθαι τῶν φαύλων διὰ τὸ αἰσχρὸν ἀλλὰ διὰ τὰς τιμωρίας· πάθει γὰρ ζῶντες τὰς οἰκείας ἡδονὰς διώκουσιν καὶ δι' ὧν αὗται ἔσονται, φεύγουσι δὲ τὰς ἀντικειμένας λύπας, τοῦ δὲ καλοῦ καὶ ὡς ἀληθῶς ἡδέος οὐδ' ἔννοιαν ἔχουσιν, ἄγευστοι ὄντες. Τοὺς δὴ τοιούτους τις ἂν λόγος μεταρρυθμίσαι; οὐ γὰρ οἷόν τε ἢ οὐ ῥᾴδιον τὰ ἐκ παλαιοῦ τοῖς ἤθεσι κατειλημμένα λόγῳ μεταστῆσαι. Ἀγαπητὸν δ' ἴσως ἐστὶν εἰ πάντων ὑπαρχόντων δι' ὧν ἐπιεικεῖς δοκοῦμεν γίνεσθαι, μεταλάβοιμεν τῆς ἀρετῆς.

Γίνεσθαι δ' ἀγαθοὺς οἴονται οἱ μὲν φύσει οἱ δ' ἔθει οἱ δὲ διδαχῇ. Τὸ μὲν οὖν τῆς φύσεως δῆλον ὡς οὐκ ἐφ' ἡμῖν ὑπάρχει, ἀλλὰ διά τινας θείας αἰτίας τοῖς ὡς ἀληθῶς εὐτυχέσιν ὑπάρχει· ὁ δὲ λόγος καὶ ἡ διδαχὴ μὴ ποτ' οὐκ ἐν ἅπασιν ἰσχύει, ἀλλὰ δεῖ προδιειργάσθαι τοῖς ἔθεσι τὴν τοῦ ἀκροατοῦ ψυχὴν πρὸς τὸ καλῶς χαίρειν καὶ μισεῖν, ὥσπερ γῆν τὴν θρέψουσαν τὸ σπέρμα. Οὐ γὰρ ἂν ἀκούσειεν λόγου ἀποτρέποντος οὐδ' αὖ συνείη ὁ κατὰ πάθος ζῶν· τὸν δ' οὕτως ἔχοντα πῶς οἷόν τε μεταπεῖσαι; ὅλως τε οὐ δοκεῖ λόγῳ ὑπείκειν τὸ πάθος ἀλλὰ βίᾳ.

Δεῖ δὴ τὸ ἦθος προϋπάρχειν πως οἰκεῖον τῆς ἀρετῆς, στέργον τὸ καλὸν καὶ δυσχεραῖνον τὸ αἰσχρόν. Ἐκ νέου δ' ἀγωγῆς ὀρθῆς τυχεῖν πρὸς ἀρετὴν χαλεπὸν μὴ ὑπὸ τοιούτοις τραφέντα νόμοις· τὸ γὰρ σωφρόνως καὶ καρτερικῶς ζῆν οὐχ ἡδὺ τοῖς πολλοῖς, ἄλλως τε καὶ νέοις. Διὸ νόμοις δεῖ τετάχθαι τὴν τροφὴν καὶ τὰ ἐπιτηδεύματα· οὐκ ἔσται γὰρ

dit Théognis, et il faudrait les acheter cher. Mais, en réalité, ils peuvent exciter et pousser au bien les jeunes gens de condition libre, d'un caractère généreux, amis du beau, épris de la vertu. Mais, quant à pousser la multitude au beau et au bien, c'est à quoi ils sont impuissants. Car la plupart des hommes n'agissent pas par respect, mais par crainte. Ce qui les fait s'abstenir de ce qui est honteux et méprisable, ce n'est pas la honte, c'est la crainte du châtiment. Car, ne vivant que pour la passion, ils ne peuvent envier que les plaisirs dont ils sont avides, et les choses capables de les leur procurer; et ils fuient les douleurs contraires. Quant au beau, quant au plaisir véritable, ils n'en ont aucune idée, car ils ne les ont jamais goûtés. Quel est donc le discours qui pourra réformer de pareilles âmes ? Il est impossible, ou tout au moins très difficile à la raison, de lutter contre des penchants qui, avec le temps, se sont mêlés au caractère ; et l'on ne doit pas être médiocrement satisfait quand, avec toutes les ressources qui peuvent conduire l'homme à la vertu, on parvient à la posséder.

Parmi les hommes vertueux, on croit que les uns le sont par nature, les autres par habitude, et les autres, enfin, par l'effet de l'enseignement. Or pour ce qui est de la nature, il est clair qu'elle ne dépend pas de nous : c'est ici une sorte de bonheur qui est l'œuvre de la Divinité en nous. D'autre part, le raisonnement et l'instruction n'ont pas la même force sur tous. Il faut, de longue main, par l'habitude, préparer l'âme de son disciple à aimer ce qu'il faut aimer et à haïr ce qu'il faut haïr, comme on prépare la terre à nourrir le germe qu'on lui confie. En effet, celui qui vit selon la passion n'écoutera pas docilement et ne comprendra même pas le raisonnement qui l'en détourne ; et dès lors comment faire pour le changer ? Car, en général, ce n'est pas à la raison que la passion obéit, c'est à la force.

Il faut donc tout d'abord une sorte de caractère habituel qui prédispose à la vertu, c'est-à-dire à l'amour du bien et à l'aversion pour ce qui est honteux. Mais il est difficile d'avoir dès l'enfance le privilège de cette bonne éducation qui incline à la vertu, si l'on n'est pas soumis à des lois également bonnes. Car la vie tempérante et laborieuse paraît dure à la plupart des hommes, et surtout aux enfants. C'est pourquoi il faut que la nourriture et les occupations soient

λυπηρὰ συνήθη γινόμενα. Οὐχ ἱκανὸν δ' ἴσως νέους ὄντας τροφῆς καὶ ἐπιμελείας τυχεῖν ὀρθῆς, ἀλλ' ἐπειδὴ καὶ ἀνδρωθέντας δεῖ ἐπιτηδεύειν αὐτὰ καὶ ἐθίζεσθαι, καὶ περὶ ταῦτα δεοίμεθ' ἂν νόμων, καὶ ὅλως δὴ περὶ πάντα τὸν βίον· οἱ γὰρ πολλοὶ ἀνάγκῃ μᾶλλον ἢ λόγῳ πειθαρχοῦσιν καὶ ζημίαις ἢ τῷ καλῷ. Διόπερ οἴονταί τινες τοὺς νομοθετοῦντας δεῖν μὲν παρακαλεῖν ἐπὶ τὴν ἀρετὴν καὶ προτρέπεσθαι τοῦ καλοῦ χάριν, ὡς ἐπακουσομένων τῶν ἐπιεικῶς τοῖς ἔθεσι προηγμένων, ἀπειθοῦσι δὲ καὶ ἀφυεστέροις οὖσιν κολάσεις [τε] καὶ τιμωρίας ἐπιτιθέναι, τοὺς δ' ἀνιάτους ὅλως ἐξορίζειν· τὸν μὲν γὰρ ἐπιεικῆ καὶ πρὸς τὸ καλὸν ζῶντα τῷ λόγῳ πειθαρχήσειν, τὸν δὲ φαῦλον ἡδονῆς ὀρεγόμενον λύπῃ κολάζεσθαι ὥσπερ ὑποζύγιον. Διὸ καὶ φασι δεῖν τοιαύτας γίνεσθαι τὰς λύπας αἳ μάλιστ' ἐναντιοῦνται ταῖς ἀγαπωμέναις ἡδοναῖς.

Εἰ δ' οὖν, καθάπερ εἴρηται, τὸν ἐσόμενον ἀγαθὸν τραφῆναι καλῶς δεῖ καὶ ἐθισθῆναι, εἶθ' οὕτως ἐν ἐπιτηδεύμασιν ἐπιεικέσι ζῆν καὶ μήτ' ἄκοντα μήθ' ἑκόντα πράττειν τὰ φαῦλα, ταῦτα δὲ γίνοιτ' ἂν βιουμένοις κατά τινα νοῦν καὶ τάξιν ὀρθήν, ἔχουσαν ἰσχύν· ἡ μὲν οὖν πατρικὴ πρόσταξις[1] οὐκ ἔχει τὸ ἰσχυρὸν οὐδὲ τὸ ἀναγκαῖον, οὐδὲ δὴ ὅλως ἡ ἑνὸς ἀνδρός, μὴ βασιλέως ὄντος ἤ τινος τοιούτου, ὁ δὲ νόμος ἀναγκαστικὴν ἔχει δύναμιν, λόγος ὢν ἀπό τινος φρονήσεως καὶ νοῦ[2]. Καὶ τῶν μὲν ἀνθρώπων ἐχθαίρουσι τοὺς ἐναντιουμένους ταῖς ὁρμαῖς, κἂν ὀρθῶς αὐτὸ δρῶσιν· ὁ δὲ νόμος οὐκ ἔστιν ἐπαχθὴς τάττων τὸ ἐπιεικές.

---

1. Le père agit plutôt par persuasion et par amour, et il

réglées par de bonnes lois : car ce qui sera devenu ainsi habituel cessera d'être pénible. Mais peut-être n'est-ce pas assez de régler et de surveiller l'éducation des jeunes gens: puisque, devenus des hommes, ils doivent se soumettre et s'habituer aux mêmes pratiques, le secours de la loi peut encore là être nécessaire et le demeure même toute la vie.. Le grand nombre, en effet, obéit plus à la nécessité qu'à la raison, et à la crainte des châtiments qu'à l'amour du beau. C'est pourquoi certains philosophes ont pensé que le législateur doit sans doute exciter au bien, exhorter les hommes à la vertu et les y inviter au nom du beau lui-même, parce que ceux que de bonnes habitudes auront préparés à la vertu entendront cet appel, mais que, pour ceux que leur mauvaise nature aura mis en révolte contre la loi, il faut les châtier et les punir; s'il en est enfin d'incurables, qu'on les bannisse. L'homme vertueux, et qui vit selon l'honneur, saura bien, en effet, reconnaître la voix de la raison; quant au méchant, qui ne recherche que le plaisir, il a besoin d'être châtié par la douleur, comme l'animal sous le joug. De là vient, ajoute-t-on, qu'il est bon d'inventer pour lui des peines inverses aux plaisirs qu'il poursuit.

Si donc, comme il a été dit, l'homme, appelé à être bon, doit être soumis à une éducation et à des habitudes vertueuses; s'il doit mener une vie telle qu'il ne se laisse entraîner au mal ni librement ni sous l'action d'aucune contrainte extérieure, il faut, pour cela, qu'il vive selon l'esprit et selon un certain ordre qui ait tout à la fois pour lui la raison et la force. Or, le pouvoir paternel[1] n'a point cette force et ce caractère de nécessité; on ne les trouve pas davantage dans le pouvoir d'un seul homme, à moins qu'il ne soit roi ou quelque chose de pareil. Mais la loi a une force coercitive, parce qu'elle est l'expression même de la prudence et de la raison[2]. Aussi, alors que les hommes haïssent ceux qui s'opposent même à bon droit à leurs mauvais penchants, la loi n'excite-t-elle aucun sentiment de haine en ordonnant ce qui est juste.

---

recule souvent devant la coercition, surtout quand l'enfant devient adulte.

2. Elle doit l'être du moins.

Ἐν μόνῃ δὲ τῇ Λακεδαιμονίων πόλει μετ' ὀλίγων ὁ νομοθέτης ἐπιμέλειαν δοκεῖ πεποιῆσθαι τροφῆς τε καὶ ἐπιτηδευμάτων· ἐν δὲ ταῖς πλείσταις τῶν πόλεων ἐξημέληται περὶ τῶν τοιούτων, καὶ ζῇ ἕκαστος ὡς βούλεται, κυκλωπικῶς θεμιστεύων παίδων ἠδ' ἀλόχου¹. Κράτιστον μὲν οὖν τὸ γίνεσθαι κοινὴν ἐπιμέλειαν καὶ ὀρθὴν καὶ δρᾶν αὐτὸ δύνασθαι· κοινῇ δ' ἐξαμελουμένων ἑκάστῳ δόξειεν ἂν προσήκειν τοῖς σφετέροις τέκνοις καὶ φίλοις εἰς ἀρετὴν συμβάλλεσθαι, ἢ προαιρεῖσθαί γε. Μάλιστα δ' ἂν τοῦτο δύνασθαι δόξειεν ἐκ τῶν εἰρημένων νομοθετικὸς γενόμενος· αἱ μὲν γὰρ κοιναὶ ἐπιμέλειαι δῆλον ὅτι διὰ νόμων γίνονται, ἐπιεικεῖς δὲ αἱ διὰ τῶν σπουδαίων. Γεγραμμένων δ' ἢ ἀγράφων, οὐδὲν ἂν δόξειε διαφέρειν, οὐδὲ δι' ὧν εἷς ἢ πολλοὶ παιδευθήσονται, ὥσπερ οὐδ' ἐπὶ μουσικῆς καὶ γυμναστικῆς καὶ τῶν ἄλλων ἐπιτηδευμάτων. Ὥσπερ γὰρ ἐν ταῖς πόλεσιν ἐνισχύει τὰ νόμιμα καὶ τὰ ἔθη, οὕτως καὶ ἐν οἰκίαις οἱ πατρικοὶ λόγοι καὶ τὰ ἔθη, καὶ ἔτι μᾶλλον διὰ τὴν συγγένειαν καὶ τὰς εὐεργεσίας· προϋπάρχουσι γὰρ στέργοντες καὶ εὐπειθεῖς τῇ φύσει.

Ἔτι δὲ καὶ διαφέρουσιν αἱ καθ' ἕκαστον παιδεῖαι τῶν κοινῶν, ὥσπερ ἐπ' ἰατρικῆς· καθόλου μὲν γὰρ τῷ πυρέττοντι συμφέρει ἡσυχία καὶ ἀσιτία, τινὶ δ' ἴσως οὔ, ὅ τε πυκτικὸς ἴσως οὐ πᾶσι τὴν αὐτὴν μάχην περιτίθησιν. Ἐξακριβοῦσθαι δὴ δόξειεν ἂν μᾶλλον τὸ καθ' ἕκαστον ἰδίας τῆς ἐπιμελείας γινομένης· μᾶλλον γὰρ τοῦ προσφόρου τυγχάνει ἕκαστος. Ἀλλ' ἐπιμεληθείη μὲν [ἂν] ἄριστα καθ' ἓν καὶ ἰατρὸς καὶ γυμναστὴς καὶ πᾶς ἄλλος ὁ τὸ καθόλου εἰδώς, ὅτι πᾶσιν ἢ τοῖς τοιοῖσδε· τοῦ κοινοῦ γὰρ αἱ ἐπιστῆμαι λέγονταί τε καὶ εἰσίν. Οὐ μὴν ἀλλ' ἑνός τινος οὐδὲν ἴσως κωλύει καλῶς ἐπιμεληθῆναι καὶ ἀνεπιστήμονα ὄντα, τεθεαμένον δ'

---

1. Allusion à deux vers d'Homère.

Mais l'État de Lacédémone est à peu près le seul où le législateur semble avoir eu le juste souci de l'éducation et de la conduite des citoyens. Dans presque tous les autres États, il s'en désintéresse, et chacun vit comme il l'entend, imposant à sa femme et à ses enfants sa volonté pour loi, comme les Cyclopes[1]. Il vaut donc mieux qu'il y ait une éducation publique et capable de rendre cette éducation parfaite ; mais, lorsque ce soin est négligé par l'État, il convient à chacun de travailler aux progrès de la vertu chez ses enfants et ses amis, ou du moins d'en avoir la ferme intention. Le meilleur moyen d'y réussir sera de s'élever soi-même jusqu'aux principes du législateur : car ce sont les lois qui font les bonnes éducations. Peu importe que les lois soient écrites ou non écrites, et qu'elles s'appliquent à un seul ou à plusieurs, aussi bien dans l'éducation en général que dans l'apprentissage de la musique ou de la gymnastique, dans tous les autres exercices réglés. La force dans les cités appartient aux lois et aux mœurs publiques ; dans les familles, elle appartient aux mœurs et aux prescriptions paternelles. La parenté, le souvenir des bienfaits fortifient encore cette autorité, que les enfants sont portés par la nature même à respecter et à chérir.

Mais les éducations individuelles diffèrent encore des éducations communes, et il y a ici quelque chose de pareil à la médecine. En effet, il est bon, en général, d'ordonner la diète et le repos à un homme qui a la fièvre ; mais peut-être y a-t-il quelque tempérament auquel ce traitement ne convient pas. L'athlète habile ne conseillera peut-être pas sa manière de combattre à tout le monde. Les soins exigés par chacun semblent donc devoir être mieux donnés dans une éducation individuelle, où chaque enfant reçoit personnellement le genre de soin qui lui convient le mieux. Toutefois, le médecin, le maître de gymnastique, tout homme, enfin, qui possède les principes généraux d'une science, voilà les plus capables de s'occuper de chacun en particulier, parce qu'ils savent ce qui convient à tous, ou du moins à ceux qui sont dans des conditions déterminées. Car la science est appelée et est, en effet, la connaissance du général. Rien n'empêche assurément qu'on ne soit apte à rendre quelques services particuliers, sans avoir de connaissances générales : c'est à la condition d'avoir exactement observé les faits par-

ἀκριβῶς τὰ συμβαίνοντα ἐφ' ἑκάστῳ δι' ἐμπειρίαν, καθάπερ καὶ ἰατροὶ ἔνιοι δοκοῦσιν ἑαυτῶν ἄριστοι εἶναι, ἑτέρῳ οὐδὲν ἂν δυνάμενοι ἐπαρκέσαι. Οὐδὲν δ' ἧττον ἴσως τῷ γε βουλομένῳ τεχνικῷ γενέσθαι καὶ θεωρητικῷ ἐπὶ τὸ καθόλου βαδιστέον εἶναι δόξειεν ἄν, κἀκεῖνο γνωριστέον ὡς ἐνδέχεται· εἴρηται γὰρ ὅτι περὶ τοῦθ' αἱ ἐπιστῆμαι. Τάχα δὴ καὶ τῷ βουλομένῳ δι' ἐπιμελείας βελτίους ποιεῖν, εἴτε πολλοὺς εἴτ' ὀλίγους, νομοθετικῷ πειρατέον γενέσθαι, εἰ διὰ νόμων ἀγαθοὶ γενοίμεθ' ἄν. Ὅντινα γὰρ οὖν καὶ τὸν προτεθέντα διαθεῖναι καλῶς οὐκ ἔστι τοῦ τυχόντος, ἀλλ' εἴπερ τινός, τοῦ εἰδότος, ὥσπερ ἐπὶ ἰατρικῆς καὶ τῶν λοιπῶν ὧν ἔστιν ἐπιμέλειά τις καὶ φρόνησις.

Ἆρ' οὖν μετὰ τοῦτο ἐπισκεπτέον πόθεν ἢ πῶς νομοθετικὸς γένοιτ' ἄν τις; ἢ καθάπερ ἐπὶ τῶν ἄλλων, παρὰ τῶν πολιτικῶν; μόριον γὰρ ἐδόκει τῆς πολιτικῆς εἶναι. Ἢ οὐχ ὅμοιον φαίνεται ἐπὶ τῆς πολιτικῆς καὶ τῶν λοιπῶν ἐπιστημῶν τε καὶ δυνάμεων; ἐν μὲν γὰρ ταῖς ἄλλαις οἱ αὐτοὶ φαίνονται τάς τε δυνάμεις παραδιδόντες καὶ ἐνεργοῦντες ἀπ' αὐτῶν, οἷον ἰατροὶ, γραφεῖς· τὰ δὲ πολιτικὰ ἐπαγγέλλονται μὲν διδάσκειν οἱ σοφισταί, πράττει δ' αὐτῶν οὐδείς, ἀλλ' οἱ πολιτευόμενοι, οἳ δόξαιεν ἂν δυνάμει τινὶ τοῦτο πράττειν καὶ ἐμπειρίᾳ μᾶλλον ἢ διανοίᾳ· οὔτε γὰρ γράφοντες οὔτε λέγοντες περὶ τῶν τοιούτων φαίνονται (καίτοι κάλλιον ἦν ἴσως ἢ λόγους δικανικούς τε καὶ δημηγορικούς), οὐδ' αὖ πολιτικοὺς πεποιηκότες τοὺς σφετέρους υἱεῖς ἢ τινας ἄλλους τῶν φίλων. Εὔλογον δ' ἦν, εἴπερ ἐδύναντο· οὔτε γὰρ ταῖς πόλεσιν ἄμεινον οὐδὲν κατέλιπον ἄν, οὔθ' αὑτοῖς ὑπάρξαι προέλοιντ' ἂν μᾶλλον τῆς τοιαύτης δυνάμεως, οὐδὲ δὴ τοῖς φιλτάτοις. Οὐ μὴν μικρόν γε ἔοικεν ἡ ἐμπειρία συμβάλλεσθαι· οὐδὲ γὰρ ἐγίνοντο ἂν διὰ τῆς πολιτικῆς συνηθείας πολιτικοί· διὸ τοῖς ἐφιεμένοις περὶ πολιτικῆς εἰδέναι προσδεῖν ἔοικεν ἐμπειρίας.

Τῶν δὲ σοφιστῶν οἱ ἐπαγγελλόμενοι λίαν φαίνονται πόρρω

ticuliers : ainsi, certains hommes paraissent être excellents médecins pour eux-mêmes et ne pourraient être d'aucun secours pour aucun autre malade. Il n'en est pas moins vrai que celui qui a en vue l'art et la théorie doit cultiver ses connaissances générales et les étendre autant qu'il le peut : car, nous l'avons dit, là est la science. Peut-être, enfin, quand on veut rendre meilleurs d'autres hommes, soit en grand, soit en petit nombre, faut-il s'efforcer de devenir législateur, s'il est vrai que nous devenions meilleurs par les lois. Quel que soit l'être qu'il s'agisse de rendre meilleur, ce n'est pas là une tâche dont le premier venu soit capable. Celui-là seul peut la remplir, qui possède la science dont nous parlons : il en est ici comme pour la médecine et pour tous les autres arts, qui ont besoin d'application et de méthode.

Faut-il, après cela, examiner comment et à quelle source on peut aller puiser la science du législateur ? Se trouve-t-elle, comme les autres, chez les hommes politiques ? Elle semble, en effet, faire partie de la politique. Ou bien établirons-nous une différence entre la politique et les autres sciences et les autres talents ? Car ces derniers peuvent être transmis par ceux qui les possèdent : témoin les médecins et les peintres ; tandis que les sophistes nous annoncent bien qu'ils vont nous apprendre la politique, mais aucun ne sait la pratiquer. Quant aux hommes politiques, ils la pratiquent ; mais c'est plutôt par l'effet d'une aptitude naturelle et d'une certaine expérience que par l'effet d'une méthode raisonnée. En effet, on ne les voit ni écrire ni parler sur ces matières (et ce serait cependant plus honorable que de prononcer des plaidoiries ou des harangues), et l'on ne voit pas non plus qu'ils sachent faire des hommes politiques de leurs propres fils ou de leurs amis. Il est cependant à croire qu'ils l'eussent fait, s'ils l'eussent pu faire : car ils ne pouvaient ni laisser après eux rien de meilleur à leur patrie, ni faire un plus beau présent à ceux mêmes qui leur étaient les plus chers. Et cependant l'expérience n'a-t-elle pas aussi un grand prix ? Assurément : car l'habitude du gouvernement rend plus habile ; et, en résumé, ceux qui s'appliquent à la science des gouvernements ont aussi besoin de l'expérience.

Quant à ceux des sophistes qui se donnent comme pro-

εἶναι τοῦ διδάξαι· ὅλως γὰρ οὐδὲ ποῖόν τί ἐστιν ἢ περὶ ποῖα ἴσασιν· οὐ γὰρ ἂν τὴν αὐτὴν τῇ ῥητορικῇ οὐδὲ χείρω ἐτίθεσαν, οὐδ' ἂν ᾤοντο ῥᾴδιον εἶναι τὸ νομοθετῆσαι συναγαγόντι τοὺς εὐδοκιμοῦντας τῶν νόμων· ἐκλέξασθαι γὰρ εἶναι τοὺς ἀρίστους, ὥσπερ οὐδὲ τὴν ἐκλογὴν οὖσαν συνέσεως καὶ τὸ κρῖναι ὀρθῶς μέγιστον, ὥσπερ ἐν τοῖς κατὰ μουσικήν. Οἱ γὰρ ἔμπειροι περὶ ἕκαστα κρίνουσιν ὀρθῶς τὰ ἔργα, καὶ δι' ὧν ἢ πῶς ἐπιτελεῖται συνιᾶσιν, καὶ ποῖα ποίοις συνᾴδει· τοῖς δ' ἀπείροις ἀγαπητὸν τὸ μὴ διαλανθάνειν εἰ εὖ ἢ κακῶς πεποίηται τὸ ἔργον, ὥσπερ ἐπὶ γραφικῆς[1].

Οἱ δὲ νόμοι τῆς πολιτικῆς ἔργοις ἐοίκασιν· πῶς οὖν ἐκ τούτων νομοθετικὸς γένοιτ' ἄν τις, ἢ τοὺς ἀρίστους κρῖναι; οὐ γὰρ φαίνονται οὐδ' ἰατρικοὶ ἐκ τῶν συγγραμμάτων γίνεσθαι. Καίτοι πειρῶνταί γε λέγειν οὐ μόνον τὰ θεραπεύματα, ἀλλὰ καὶ ὡς ἰαθεῖεν ἂν καὶ ὡς δεῖ θεραπεύειν ἑκάστους, διελόμενοι τὰς ἕξεις. Ταῦτα δὲ τοῖς μὲν ἐμπείροις ὠφέλιμα εἶναι δοκεῖ, τοῖς δ' ἀνεπιστήμοσιν ἀχρεῖα. Ἴσως οὖν καὶ τῶν νόμων καὶ τῶν πολιτειῶν αἱ συναγωγαὶ τοῖς μὲν δυναμένοις θεωρῆσαι καὶ κρῖναι τί καλῶς ἢ τοὐναντίον καὶ ποῖα ποίοις ἁρμόττει εὔχρηστ' ἂν εἴη· τοῖς δ' ἄνευ ἕξεως τὰ τοιαῦτα διεξιοῦσιν τὸ μὲν κρίνειν καλῶς οὐκ ἂν ὑπάρχοι, εἰ μὴ ἄρα αὐτόματον, εὐσυνετώτεροι δ' εἰς ταῦτα τάχ' ἂν γένοιντο.

[Παραλιπόντων οὖν τῶν προτέρων ἀνερεύνητον τὸ περὶ τῆς νομοθεσίας, αὐτοὺς ἐπισκέψασθαι μᾶλλον βέλτιον ἴσως, καὶ ὅλως δὴ περὶ πολιτείας, ὅπως εἰς δύναμιν ἡ περὶ τὰ ἀν-

---

1. Quand on ne connaît pas les règles.

fesseurs de politique, ils paraissent trop peu en état de justifier leur prétention. Car ils ne savent ni ce qu'elle est, ni ce que sont les objets qu'elle étudie ; autrement ils ne la placeraient pas au niveau, et, à plus forte raison, au-dessus de la rhétorique. Ils ne croiraient pas qu'il est facile de devenir législateur en réunissant quelques lois vantées pour leur sagesse : car ils se bornent à dire qu'il faut choisir les meilleures, comme si le choix n'était pas déjà une œuvre de haute sagesse, et comme si le bon jugement n'avait pas ici une très haute importance, comme dans les choses de la musique. Les hommes d'expérience jugent du moins sainement des choses, chacun dans son genre; ils savent discerner comment et par quels moyens une œuvre arrive à sa perfection, et comment telle partie s'accorde avec telle autre. Quant aux gens sans expérience, ils doivent se contenter de ne pas ignorer si l'ouvrage est, en gros, bon ou mauvais, ainsi qu'on juge d'une peinture[1] ?

Mais les lois sont comme les œuvres de la politique. Comment donc la seule connaissance des lois apprendrait-elle à en faire ou à juger quelles sont les meilleures ? Car, enfin, nous ne voyons pas qu'on fasse des médecins avec des recueils de recettes. Et cependant, ceux qui composent ces livres essayent non seulement d'indiquer des remèdes, mais de montrer la manière de guérir, en les employant suivant les divers tempéraments. Mais ces explications, qui sont très utiles aux hommes expérimentés, ne servent de rien à ceux qui ne le sont pas. Peut-être donc les recueils de lois et de constitutions politiques sont-ils tels pour ceux qui savent penser, et qui jugent ce qui est beau, ce qui est laid, qui connaissent exactement les rapports des choses entre elles. Mais sans aucune disposition de l'esprit créée par la science on ne peut bien juger, si ce n'est par hasard, ou du moins l'on ne peut acquérir qu'une certaine habitude d'apprécier promptement les choses.

[Puis donc que les philosophes qui nous ont précédés ont laissé inexplorée la science de la législation, nous devons, ce semble, porter nous-mêmes cet examen sur toute la politique en général, afin de perfectionner, dans la mesure de

---

1. Quand on ne connaît pas les règles.

θρώπινα φιλοσοφία τελειωθῇ. Πρῶτον μὲν οὖν εἴ τι κατὰ μέρος εἴρηται καλῶς ὑπὸ τῶν προγενεστέρων πειραθῶμεν ἐπελθεῖν, εἶτα ἐκ τῶν συνηγμένων πολιτειῶν θεωρῆσαι τὰ ποῖα σῴζει καὶ φθείρει τὰς πόλεις καὶ τὰ ποῖα ἑκάστας τῶν πολιτειῶν, καὶ διὰ τίνας αἰτίας αἱ μὲν καλῶς, αἱ δὲ τοὐναντίον πολιτεύονται· θεωρηθέντων γὰρ τούτων τάχ' ἂν μᾶλλον συνίδοιμεν καὶ ποία πολιτεία ἀρίστη, καὶ πῶς ἑκάστη ταχθεῖσα, καὶ τίσι νόμοις καὶ ἔθεσι χρωμένη. Λέγωμεν οὖν ἀρξάμενοι.]

nos forces, la science des choses humaines. D'abord, si quelqu'un de nos devanciers a dit quelque chose de bon sur telle partie de cette science, exposons-le; puis, de toutes les constitutions politiques que nous avons recueillies, tâchons de tirer la connaissance de ce qui sauve ou perd les États, des causes diverses qui produisent un bon ou un mauvais gouvernement. Ces considérations nous aideront peut-être à trouver plus vite quelle est la forme parfaite de l'État, quelles sont les constitutions, les lois et les mœurs qui conviennent le mieux à chaque cité. Abordons ce nouveau sujet.]

COLLECTION DES CLASSIQUES FRANÇAIS.
FORMAT IN-12.

Boileau. Œuvres poétiques, édition avec remarques et appréciations littéraires par M. A. Dubois; 1 vol. in-12. — 1 f. 50 c.

Bossuet. Discours sur l'Histoire universelle, édition accompagnée de remarques et d'appréciations littéraires par M. E. Lefranc; 1 vol. in-12. — 2 f. 50 c.

Bossuet. Oraisons funèbres, édition accompagnée de remarques et d'appréciations littéraires par M. P. Allain; 1 vol. in-12. — 1 f. 60 c.

Buffon. Morceaux choisis, édition avec remarques et appréciations littéraires par M. A. Rolland; 1 vol. in-12. — 1 f. 25 c.

Fénelon. Aventures de Télémaque, nouvelle édition complète à l'usage de l'enseignement secondaire classique, accompagnée de remarques et d'appréciations littéraires par M. S. Bernage; 1 vol. in-12. — 2 f. 25 c.

Fénelon. Dialogues sur l'Éloquence, édition accompagnée de remarques et d'appréciations littéraires par M. J. Girard, in-12. — 80 c.

Fénelon. Lettre à l'Académie, édition accompagnée de remarques et d'appréciations littéraires par M. A. Dubois; in-12. — 80 c.

La Fontaine. Fables, nouvelle édition à l'usage de l'enseignement secondaire classique, accompagnée de remarques et d'appréciations littéraires par M. A. Noël; 1 fort vol. in-12. — 2 f. 50 c.

Massillon. Petit Carême, édition accompagnée de remarques et d'appréciations littéraires par M. E. Lefranc; 1 vol. in-12. — 1 f. 25 c.

Montaigne. Extraits des Essais, avec analyses, remarques, notes et glossaire par M. E. Talbot; 1 vol. in-12. — 2 f.

Montesquieu. Grandeur et Décadence des Romains, édition accompagnée de remarques et d'appréciations littéraires par M. P. Longueville; 1 vol. in-12. — 1 f. 25 c.

Pascal. Pensées, édition accompagnée de notes et de remarques par M. P. Faugère; 1 vol. in-12. — 2 f. 50 c.

Racine. Les Plaideurs, comédie, nouvelle édition, reproduisant l'orthographe de l'édition originale, avec introduction, commentaires, notes littéraires et critiques, par M. Charles Rinn, professeur au lycée Condorcet; 1 vol. in-12. — 1 f.

Rousseau (J. B.). Œuvres lyriques, édition accompagnée de remarques et d'appréciations littéraires par M. E. Pessonneaux; 1 vol. in-12. — 1 f. 25 c.

Théâtre classique, comprenant neuf pièces, édition avec remarques, analyses et appréciations littéraires par MM. Dubois, Geoffroy, Lebobe, Longueville, etc.; 1 fort vol. in-12. — 3 f.

Voltaire. Histoire de Charles XII, édition accompagnée de remarques et d'appréciations littéraires par M. J. Genouille; 1 vol. in-12. — 1 f. 60 c.

Voltaire. Lettres choisies, édition accompagnée de remarques et appréciations littéraires par M. G. Feugère; 1 vol. in-12. — 2 f. 50 c.

Voltaire. Siècle de Louis XIV, édition accompagnée de remarques et d'appréciations littéraires par M. J. Genouille; 1 vol. in-12. — 2 f. 75 c.

COLLECTION DES CLASSIQUES LATINS.

FORMAT IN-12.

Cæsar. Commentarii de Bello Gallico, avec notes par *M. Ed. Feugère.* — 1 f. 40 c.

Cicero. Brutus, seu de Claris Oratoribus, avec notes par *M. F. Deltour.* — 90 c.

Cicero. De Amicitia Dialogus, avec notes par *M. ♥. Genouille.* — 30 c.

Cicero. In Catilinam Orationes quatuor, avec notes par *M. A. Feugère.* — 40 c.

Cicero. In Verrem de Signis Oratio, avec notes par *M. P. Allain.* — 50 c.

Cicero. Pro Archia Poeta Oratio ; adsunt ex Orelliana recensione variorum codicum lectiones et scholia. — 50 c.

Cicero. Pro Marcello Oratio, avec notes par *M. E. Maréchal.* — 25 c.

Conciones Rhetoricæ, avec notes par *M. J. Naudet.* — 2 f. 50 c.

Cornelius Nepos. De Vita excellentium Imperatorum, avec notes par *MM. W. et C. Rinn.* — 1 f. 20 c.

Horatius Flaccus. Opera, avec notes par *M. W. Rinn.* — 2 f.

Justinus. Historiarum libri XLIV, avec notes par *M. N. Theil.* — 1 f. 50 c.

Lucretius. Extraits, avec notes par *M. J. Helleu.* — 1 f. 25 c.

Narrationes, avec notes par *M. Vendel-Heyl.* — 2 f. 25 c.

Ovidus Naso. Morceaux choisis des Métamorphoses, des Fastes, des Tristes, avec notes par *M. A. Cuvillier.* — 1 f. 80 c.

Phædrus, Fabulæ, avec notes par *M. A. Dubois.* — 80 c.

Plautus. Extraits, avec notes par *M. A. Bougot.* — 3 f. 75 c.

Quintus Curtius. De Rebus gestis Alexandri Magni, avec notes par *M. Delbès.* — 1 f. 75 c.

Sallustius. Catilina et Jugurtha, avec notes par *M. F. Deltour.* — 1 f.

Selectæ e profanis scriptoribus Historiæ, avec notes par *M. Lemeignan.* — 1 f. 75 c.

Tacitus. Opera Omnia, avec notes par *M. E. Dupuy.* — 6 f. 50 c.

Tacitus. Annales, avec notes par *M. E. Dupuy.* — 2 f. 75 c.

Tacitus. De Moribus ac Situ Germanorum, avec notes par *M. E. Dupuy.* — 60 c.

Tacitus. Dialogus de Oratoribus, avec notes par *M. E. Dupuy.* — 90 c.

Tacitus. Historiarum libri V, avec notes par *M. E. Dupuy.* — 1 f. 80 c.

Tacitus. Vita Agricolæ, avec notes par *M. E. Dupuy.* — 60 c.

Titus Livius. Narrationes, avec notes par *M. N. Theil.* — 1 f. 40 c.

Virgilius Maro. Opera, avec notes par *M. W. Rinn.* — 2 f. 25 c.

NOUVELLE COLLECTION DES CLASSIQUES GRECS

Avec Notes et Sommaires en français.

FORMAT IN-12.

Aristophane. Extraits, par M. J. Helleu; in-12. — 2 f.

Aristote. La Poétique, par M. A. Noël; in-12. — 80 c.

Démosthène. Discours sur la Couronne, par M. A. Marion; in-12. — 1 f. 25 c.

Démosthène. Les Olynthiennes, par M. Vendel-Heyl; in-12, br. 50 c.

Démosthène. Les Philippiques, par M. P. Chéron; in-12. — 80 c.

Denys d'Halicarnasse. Première Lettre à Ammæus sur Démosthène et Aristote, par M. S. Bernage, in-12. — 60 c.

Élien. Morceaux choisis, par M. A. Mottet; in-12. — 1 f. 10 c.

Ésope. Fables, par M. J. Geoffroy; in-12. — 1 f.

Euripide. Alceste, par M. E. Pessonneaux; in-12. — 1 f.

Euripide. Hécube, par M. E. Pessonneaux; in-12. — 1 f.

Euripide. Iphigénie à Aulis, par M. E. Pessonneaux; in-12. — 1 f.

Hérodote. Morceaux choisis, par M. E. Pessonneaux; in-12. — 1 f. 60 c.

Homère. Iliade, par M. F. Lécluse; in-12. — 3 f. 50 c.

Isocrate. Panégyrique d'Athènes, par M. E. Talbot; in-12. — 80 c.

Lucien. Dialogues des Morts, par M. J. Geoffroy; in-12. — 1 f.

Lucien. Le Songe ou le Coq, par M. Vendel-Heyl; in-12. — 40 c.

Platon. Criton, par M. A. Mottet; in-12. — 50 c.

Platon. Phédon, par M. A. Marion; in-12. — 80 c.

Plutarque. De l'Éducation des Enfants, par M. J. Genouille, in-12. — 75 c.

Plutarque. Vie de Cicéron, par M. Cuvillier; in-12. — 1 f.

Plutarque. Vie de Démosthène, par M. S. Bernage; in-12. — 1 f.

Saint Luc. Évangile, par M. G. Belèze; in-12. — 70 c.

Sophocle. Œdipe roi, par M. E. Pessonneaux; in-12. — 1 f.

Sophocle. Philoctète, par M. E. Pessonneaux; in-12. — 1 f.

Thucydide. Extraits, par M. J. Bebin; in-12. — 2 f. 25 c.

Thucydide. Guerre du Péloponèse, premier livre, par M. H. David; in-12. — 1 f. 60 c.

Xénophon. Anabase, livre premier, par M. A. Mottet; in-12. — 75 c.

Xénophon. Anabase, livre deuxième, par M. A. Cuvillier; in-12. — 90 c.

Xénophon. Cyropédie, livre premier, par M. A. Marion; in-12. — 75 c.

Xénophon. Les Économiques, chap. I à XI, par MM. Pessonneaux; in-12. — 90 c.

Paris.—Imprimerie de Delalain frères, 1 et 3, rue de la Sorbonne.

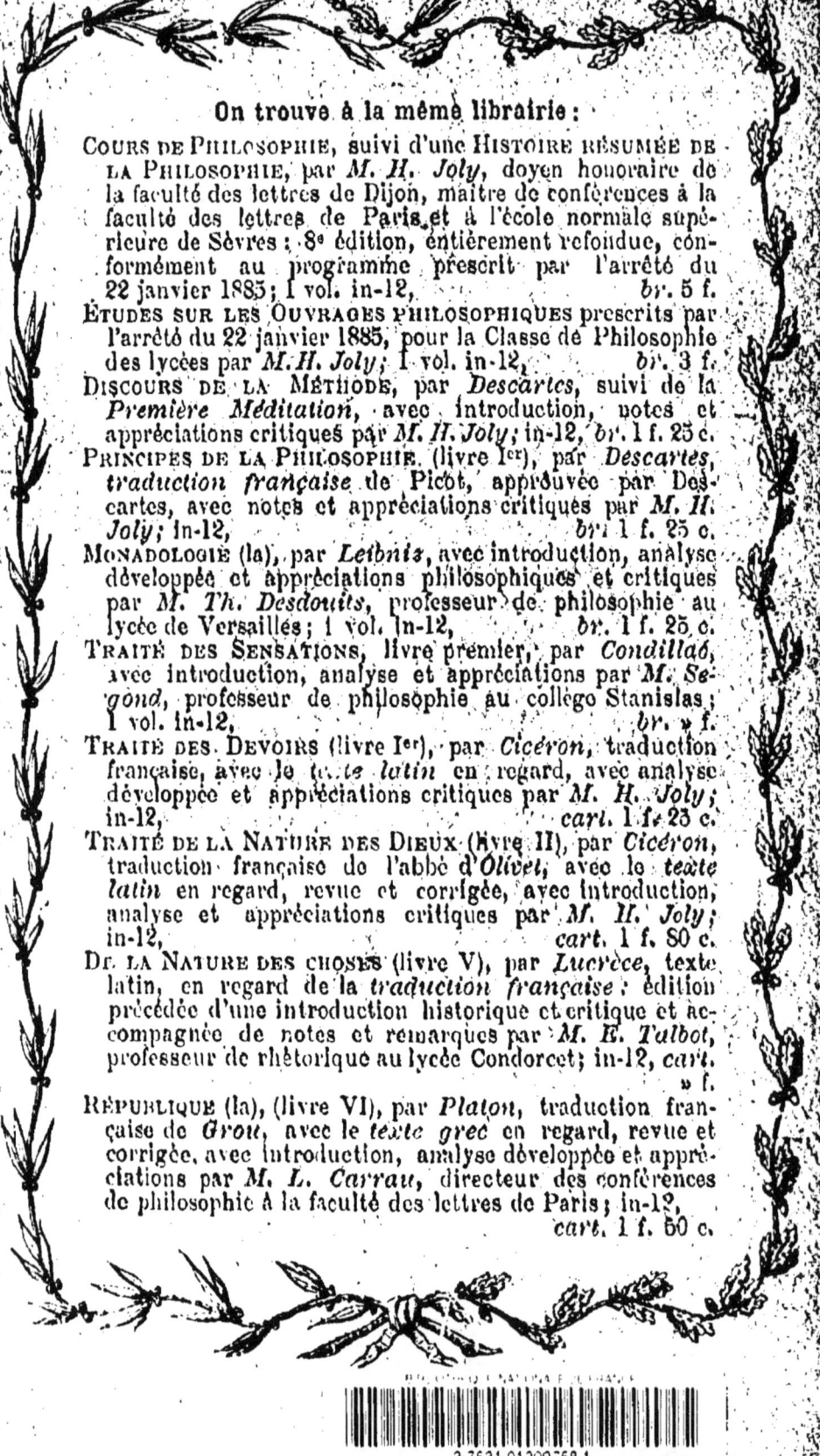

On trouve à la même librairie :

Cours de Philosophie, suivi d'une Histoire résumée de la Philosophie, par *M. H. Joly*, doyen honoraire de la faculté des lettres de Dijon, maître de conférences à la faculté des lettres de Paris et à l'école normale supérieure de Sèvres ; 8ᵉ édition, entièrement refondue, conformément au programme prescrit par l'arrêté du 22 janvier 1885 ; 1 vol. in-12, br. 5 f.

Études sur les Ouvrages philosophiques prescrits par l'arrêté du 22 janvier 1885, pour la Classe de Philosophie des lycées par *M. H. Joly* ; 1 vol. in-12, br. 3 f.

Discours de la Méthode, par *Descartes*, suivi de la *Première Méditation*, avec introduction, notes et appréciations critiques par *M. H. Joly* ; in-12, br. 1 f. 25 c.

Principes de la Philosophie (livre Iᵉʳ), par *Descartes*, traduction française de Picot, approuvée par Descartes, avec notes et appréciations critiques par *M. H. Joly* ; in-12, br. 1 f. 25 c.

Monadologie (la), par *Leibniz*, avec introduction, analyse développée et appréciations philosophiques et critiques par *M. Th. Desdouits*, professeur de philosophie au lycée de Versailles ; 1 vol. in-12, br. 1 f. 25 c.

Traité des Sensations, livre premier, par *Condillac*, avec introduction, analyse et appréciations par *M. Segond*, professeur de philosophie au collège Stanislas ; 1 vol. in-12, br. » f.

Traité des Devoirs (livre Iᵉʳ), par *Cicéron*, traduction française, avec le texte latin en regard, avec analyse développée et appréciations critiques par *M. H. Joly* ; in-12, cart. 1 f. 25 c.

Traité de la Nature des Dieux (livre II), par *Cicéron*, traduction française de l'abbé *d'Olivet*, avec le texte latin en regard, revue et corrigée, avec introduction, analyse et appréciations critiques par *M. H. Joly* ; in-12, cart. 1 f. 80 c.

De la Nature des Choses (livre V), par *Lucrèce*, texte latin, en regard de la *traduction française* ; édition précédée d'une introduction historique et critique et accompagnée de notes et remarques par *M. E. Talbot*, professeur de rhétorique au lycée Condorcet ; in-12, cart. » f.

République (la), (livre VI), par *Platon*, traduction française de *Grou*, avec le texte grec en regard, revue et corrigée, avec introduction, analyse développée et appréciations par *M. L. Carrau*, directeur des conférences de philosophie à la faculté des lettres de Paris ; in-12, cart. 1 f. 50 c.

www.ingramcontent.com/pod-product-compliance
Lightning Source LLC
LaVergne TN
LVHW051458090426
835512LV00010B/2217